JN017935

**基礎知識とビジネスチャンスに
つなげた成功事例が丸わかり！**

SDGs
見るだけ
ノート

監修
笹谷秀光
Hidemitsu Sasaya

宝島社

SDGs
見るだけ
ノート

監修
笹谷秀光
Hidemitsu Sasaya

宝島社

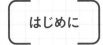

SDGs 先進国・日本を目指す

「SDGs」（エス・ディー・ジーズ）という言葉を新聞などで見ない日はなくなりました。

SDGsは、「サスティナブル・デベロップメント・ゴールズ」の略語で、「持続可能な開発目標」と訳されています。

「持続可能性」とは、「世のため、人のため、自分のため、そして子孫のため」というイメージです。この「子孫のため」という世代を超えた軸が入っていることが非常に重要です。

SDGsは、自主的取り組みが基本です。やれる人がやれるところからすぐにでも着手しようというルールです。そうしなければ、もはや地球規模の課題の対処に間に合わないという危機感が背景にあります。

このルールは怖いです。どんどん差がつくからです。「ぼーっと」していれば置いていかれます。日本が欧米に置いていかれる。日本の中でもSDGs仲間の埒外に置かれる──。

ルールが変わったのです。横並び思考から一刻も早く抜け出して、すぐにでも自社は何をすべきか、自分は何ができるかを、SDGsをヒントに考えなければいけません。今ならまだぎりぎり間に合うでしょう。

SDGsが2015年の９月に採択されてから、すでに4年以上経ちました。目標としている2030年まで、あと10年です。残念ながら、欧米に比べ日本は出遅れています。

SDGsは突き詰めると文明論ではないでしょうか。SDGsの取り組み方も国の文明によって異なると、つくづく思います。例えば、スウェーデンのグレタ・トゥーンベリさんへの反応などにもお国柄が表れます。ミレニアル世代とか、それより若いポストミレニアル世代のほうが、SDGsに高い関心を寄せる比率が非常に高いです。

日本には、和の精神や「三方良し」（自分良し・相手良し・世間良し）のような商習慣があり、SDGsを加速させるポテンシャルは極めて高いのです。

ところが、これが「くせ者」です。このため、「わざわざ外来のSDGsなどいらない」との議論になりやすいのです。ここが運命の分かれ目になります。

このような思い込みと横文字への苦手意識もあって、SDGsを「スルー」してしまうのです（筆者はこれを「SDGsスルー」と呼んでいます）。

三方良しはよいのですが、今のところ世界には通用しません。それは陰徳の

美を良しとして、あえて自分から発信しないことが多かったためです。

そこで筆者は、「発信型三方良し」を提唱してきました。「三方良し」の「世間」の課題が、今はSDGsだと考えればよいのです。つまり「発信型三方良し」を「SDGs化」していけば世界に通用するのです。これが現代版「三方良し経営」です。

SDGsは、要約すれば、地球規模の課題を考え、「持続可能な未来の発展」について語るための世界の共通言語であり、世界に通用する「羅針盤」です。私は、農林水産省や外務省・環境省で勤務し、清涼飲料水メーカーの「伊藤園」では取締役などでSDGsに関わってきました。今は千葉商科大学・教授として、教壇に立っています。結果、「産官学」（産業・官界・大学）のすべてを経験し、この羅針盤の重要性がわかりました。

SDGsは、幅広く、経済・環境・社会の課題をカバーし、企業経営や地方創生に直結します。そして、2021年に延期になりましたが、東京オリンピック・パラリンピックは、SDGsで調達や運営のルールができています。続いて、2025年開催予定の日本国際博覧会、通称「大阪・関西万博」のテーマもSDGsです。ぜひオールジャパンで、目標達成を目指しましょう！

SDGsは、企業、自治体、団体のビジネスパーソンをはじめ、学生にも必須の「新常識」となりました。

本書、『SDGs見るだけノート』は、ビジュアルで頭にすっと入るようにできています。一方、SDGsについて、経営視点も入れて、必須の基礎はしっかり盛り込まれています。

すべての人にとっての、SDGsについての早わかりのための入門書として最適です。

本書が、これからSDGsを学ぼう、実践しようと考えている皆さんの一助になることを願っています。

千葉商科大学・基盤教育機構・教授　SDGsコンサルタント
笹谷秀光

<ruby>世界<rt>いま</rt></ruby> が直面している問題

世界には様々な問題や課題があり、それらを
解決しないと人類や地球の繁栄は続きません。

世界で約7億人（約10%）が
極度の貧困の中で暮らしている

もう3日も
食べてない…

しかも飢餓人口の
3分の2がサハラ以
南アフリカと南アジア地域
に集中している

世界で約8億人（約10%）
以上が栄養不良に陥っている

世界には
7000万人以上
もの難民がいる

紛争で故郷が
破壊された…

紛争や内戦、テロ、
暴動など様々な
問題が難民を
生み出しています

学校で勉強が
したい…

世界の6〜14歳の
子どもたちのうち、
5人に1人が学校に
通えていません

世界には電力を利用できない人が
約8億4000万人いる

世界では約7億8000万人（約10%）が
安全な水を確保できていない

約7億5000万人
（約10%）の人々（成人）は
文字の読み書きができない

出典：数値等は国際連合広報センター「SDGs報告2019」、国際連合
難民高等弁務官事務所（UNHCR）報告書「グローバル・トレンズ」
を基本にした。以下の本文では、これ以外の各種資料も適宜援用する。

世界人口は
約77億人
※2019年時点

複雑な課題解決には、
企業の本業力をつかった創造性
とイノベーションが必要だ

5Gなどの通信技術、
医療技術などが
期待されている

日本の技術力を
生かそう…

経済・環境・社会の面で深く
つながっており、世界の課題は
日本の課題でもある

防災のために
何をすれば…

地球温暖化が原因で
世界で自然災害の発生頻度が
増加し続けている

日本でも洪水や
豪雨、高潮などへの
対策が喫緊の課題に
なっています

今のまま2050年まで
海洋汚染が続けば、
海には生物よりゴミのほうが
多くなるといわれている

世界では年間約540万人もの
子どもたちが5歳未満で
命を落としている

そのうち約半数は
生後1カ月未満の新生児です

病院さえ
あれば…

5

いま 企業 がSDGsに取り組むメリット

大企業か中小企業かを問わず、SDGs に取り組むことは企業に様々なメリットをもたらします。

ビジネスチャンスの獲得

SDGsの達成により、2030年までに世界で年間12兆ドルの経済価値が生まれると予測されており、将来的にはSDGsに関わる巨大なビジネスチャンスが期待できます。

資金調達が有利に

環境、社会、企業統治に配慮する企業を重視して行なわれるESG投資（▶P.82）の対象となることにより、資金調達のうえで有利になります。

12兆ドルということは…
日本円で
約1300兆円！

※1ドル＝約108円で換算

地球環境のためにも
SDGsに取り組んでいない
会社には投資せん！

SDGsが
共通認識となって
取引先との
パートナーシップも
強まった

コミュニケーション・ツール

SDGsは全世界共通の枠組みであることから、社会的課題に取り組む企業を、他企業や自治体、NPO団体などの組織と結び付けるきっかけとなります。また、国内外の組織と認識を共有し、相互理解をはかるためのツールとしても有効です。

SDGsがきっかけで
新しい分野の仕事も
ゲットできそうだ

生存戦略として有効

今後は、SDGsへの対応がビジネスにおける取引条件となる可能性もあります。その際、SDGsへの取り組みは持続可能な経営を行なうための生存戦略となります。

ブーン。
僕らの未来のためにも
SDGsは必要だなぁ

新規事業の創出

SDGsに取り組むことで、新たな事業領域や取引先、事業パートナーなどを獲得する機会が増え、今までになかったイノベーションを生む可能性も広がります。

なんだか最近、この街はきれいになったかも

SDGsを軸に考えたらこれまでになかったアイデアが生まれたぞ

人材不足の解消

人間らしい職場環境をつくることで離職率が減り、企業イメージの向上によって「この会社で働いてみたい」という人も増えます。

将来は隣の会社で働きたいなぁ

ご苦労さまですいつもありがとう

この会社で社会貢献できる仕事を続けよう

＼コンニチハ／

企業への信用度の向上

SDGsへの取り組みを通して、多くのステークホルダーに「この会社は信用できる」という印象を与えることができます。

環境保護のためにもあの会社の製品を購入することにしよう

地域での信頼獲得

事業や雇用の創出、地域課題の解決や防災協力などで社会や地域に本業で貢献することが、地域での信頼獲得にもつながります。

今後、SDGsに取り組んでいない企業は、取り組むことで得られるチャンスや利益を逃してしまう可能性も

7

基礎知識とビジネスチャンスに
つなげた成功事例が丸わかり

SDGs
見るだけ**ノート**

Contents

Chapter3
企業と
SDGs の関係

Chapter4
「SDGs ビジネス」
のつくり方

1 Chapter

SDGs
mirudake notes

そもそも
「SDGs」って何?

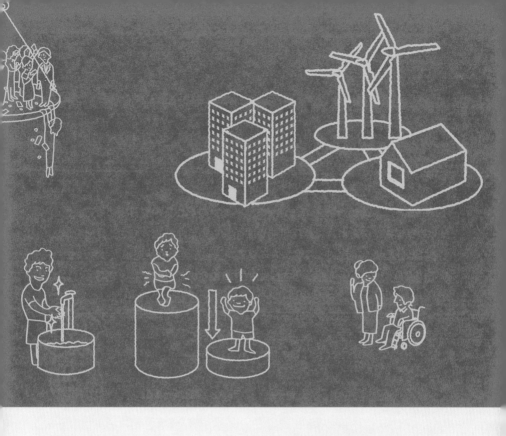

「最近、よく聞く言葉だなぁ」なんて思いつつ、SDGs について「実は、よく知らない」という人は多いかもしれません。SDGs の 17 の目標と 169 のターゲット（▶P.145 ～ 153）は非常に数が多いため複雑に感じるかもしれませんが、一つひとつは非常にわかりやすく書かれています。

01 そもそもSDGsって何？

最近、目にする機会が増えた「SDGs（持続可能な開発目標）」。
ピンとこない人のために、初歩の初歩から解説します。

「SDGs」とは、2015年9月に国連サミットで定められた国際目標のこと。何の
ための目標か？　それは「持続可能な開発」を実現するためです。目標を達成
するには、「経済」「社会」「環境」の3要素が調和している状態が求められます。
途上国だけでなく、先進国も参加する取り組みなので「開発」と銘打っていま
すが、「発展」ととらえると理解しやすいかもしれません。

3要素の調和

環境
環境を守って
いくこと

社会
社会的に弱い
立場の人も含め、
一人ひとりの
人権を尊重
すること

**持続可能
な開発**

経済
経済活動を通じて
富や価値を生み
出していくこと

出典：「持続可能な開発目標
（SDGs）実施指針」持続可能
な開発目標（SDGs）推進本部

ゴール7
エネルギーをみんなに
そしてクリーンに

ゴール6
安全な水と
トイレを世界中に

ゴール10
人や国の不平等
をなくそう

ゴール16
平和と公正を
すべての人に

ゴール2
飢餓をゼロに

ゴール3
すべての人に
健康と福祉を

ゴール1
貧困をなくそう

「経済」「社会」「環境」の3要素が調和した状態をつくり出すために、SDGsは**17の目標（ゴール）**と、ゴールそれぞれに設定された全**169のターゲット**（解決すべき課題）から構成されています。環境に負荷をかけずに人々の消費が支えられ、次世代のニーズを損なわない世界のために、すべての主体が取り組み、SDGsの目標達成を目指します。

SDGs17のゴール

ゴール5
ジェンダー平等を
実現しよう

ゴール12
つくる責任
つかう責任

ゴール4
質の高い教育を
みんなに

ゴール13
気候変動に
具体的な
対策を

ゴール11
住み続けられる
まちづくりを

ゴール9
産業と技術革新の
基盤をつくろう

ゴール8
働きがいも
経済成長も

ゴール14
海の豊かさ
を守ろう

ゴール17
パートナーシップで
目標を達成しよう

ゴール15
陸の豊かさ
も守ろう

02 なぜ、SDGs ができたの？

よりよい世界をつくるために生まれた「SDGs（持続可能な開発目標）」ですが、どのような経緯で作られたのでしょうか？

SDGs の前身には、2000 年の国連サミットで採択された、「国連ミレニアム宣言」をもとにまとめられた「**MDGs（ミレニアム開発目標）**」がありました。主に途上国の問題を解決するための 8 つの目標でしたが、期限だった 2015 年までに達成できなかった問題や新たな課題が見つかり、MDGs の後継として 2015 年 9 月に国連加盟国全会一致で採択されたのが SDGs です。

MDGs 8つの目標

目標❶

極度の貧困と
飢餓の撲滅

ターゲット 1990〜2015年の間に、1日1ドル未満で生活する人々を半減させる。

目標❷

初等教育の
完全普及の達成

ターゲット 2015年までに、男女の区別なく、すべての子どもが初等教育を受けられるようにする。

目標❸

ジェンダー平等の推進と
女性の地位向上

ターゲット 2005年までに初等・中等教育において、2015年までにすべての教育レベルで、男女格差を解消する。

目標❹

乳幼児死亡率の
引き下げ

ターゲット 1990〜2015年の期間で、5歳未満の子どもの死亡率を3分の1に削減する。

目標❺

妊産婦の
健康の改善

ターゲット 1990〜2015年の間に、妊産婦の死亡率を4分の1に下げる。

目標❻

HIV／エイズ、マラリア、
その他の疾病の蔓延防止

ターゲット 2015年までに、HIV／エイズなどの疾病の蔓延を阻止。その後、減少させる。

目標❼

環境の
持続可能性の確保

ターゲット 持続可能な開発の原則を各国の政策やプログラムに反映させ、環境資源の回復をはかる。

目標❽

開発のためのグローバル
なパートナーシップの構築

ターゲット 開かれたルールに基づいた、予測可能で差別のない貿易・金融システムの構築を推進する。

MDGs策定以来、世界の国々と人々は達成に向けて取り組みました。その結果、達成された目標がある一方、先述のように期限までに達成できなかった課題や新たな課題が生まれました。気候変動への対策、雇用や労働のあり方、都市のあり方、格差是正、平和、イノベーションなどの新たな項目が追加され、先進国を含めたすべての国々を対象に広げ、アップデートされたものがSDGsです。

MDGsとSDGsの違い

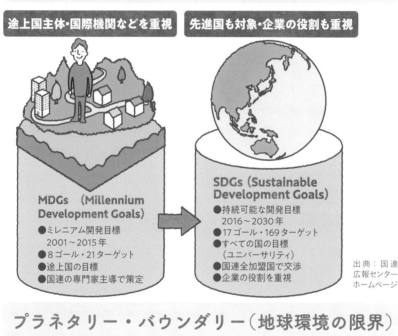

途上国主体・国際機関などを重視

先進国も対象・企業の役割も重視

MDGs (Millennium Development Goals)
- ミレニアム開発目標 2001〜2015年
- 8ゴール・21ターゲット
- 途上国の目標
- 国連の専門家主導で策定

SDGs (Sustainable Development Goals)
- 持続可能な開発目標 2016〜2030年
- 17ゴール・169ターゲット
- すべての国の目標（ユニバーサリティ）
- 国連全加盟国で交渉
- 企業の役割を重視

出典：国連広報センターホームページ

プラネタリー・バウンダリー（地球環境の限界）

人間の活動が地球全体に与える影響を科学的に評価し、地球環境の限界を示す方法として「プラネタリー・バウンダリー」という概念があります。9項目が設定されており、そのうち「生物種の絶滅の速度」「生物地球科学的循環」は高リスクとされ、「気候変動」「土地利用変化」はリスク増大の状況にあります。

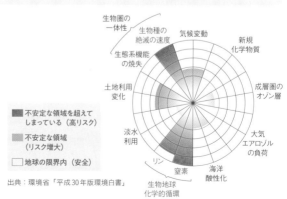

- ■ 不安定な領域を超えてしまっている（高リスク）
- ▨ 不安定な領域（リスク増大）
- □ 地球の限界内（安全）

生物圏の一体性
生物種の絶滅の速度
気候変動
新規化学物質
生態系機能の焼失
成層圏のオゾン層
土地利用変化
大気エアロゾルの負荷
淡水利用
海洋酸性化
リン
窒素
生物地球化学的循環

出典：環境省「平成30年版環境白書」

03

SDGs が達成できなかったら世界はどうなる？

SDGs がいかに大事かを理解するために、「2030 年までに目標を達成できないとどうなるか」を想像してみましょう。

例えば、SDGs の目標②「飢餓を終わらせる」が、達成できないとどうでしょうか？途上国には今日食べるものがない人がいる一方で、先進国では大量の食料が廃棄されています。今後、全世界では人口爆発が予想されており、現在よりも厳しい未来が待っていることは想像に難くないでしょう。

地球で起きている様々な問題

環境問題

- 地球温暖化の進行
- エネルギー問題の深刻化
- 自然災害の増加
- 水問題の深刻化
- 生物多様性の喪失
- 気候変動の激化

など

今、先進国も途上国もそれぞれ課題を抱えています。ひと昔前の、先進国が途上国を援助するという見方ではなく、パートナーシップで誰一人取り残さない未来を描く、そういうイマジネーションが大切なのです。そして環境・社会課題の解決だけでなく、経済性を持たせて解決します。それが持続可能な開発であり、発展なのです。

社会問題

貧困　　感染症の流行　　教育機会の不平等　　人口爆発

様々な差別とハラスメント　　紛争の長期化・複雑化

少子高齢化　　など

経済問題

経済危機の頻発　　若年失業率の高さ

雇用なき都市化の進行　　社会福祉財源の不足

経済格差の拡大　　など

04 SDGs 達成のために、どうすればいい？

SDGs を達成するためには個人の力が重要です。とはいえ、具体的に私たちはどのように行動すればいいのでしょうか？

SDGs で定められている 169 のターゲットを解決するためには、国や企業だけでなく個人の取り組みも必要不可欠です。しかし、環境問題や社会問題の解決が目標と聞くと、個人が取り組むには手に余ると感じてしまうかもしれません。でも、重要なのは、**個人の意識改革**と日々の行動の積み重ねです。まずは関心を持つことから始めてみてはどうでしょう？

Step.1　SDGs を知る

有名お笑い事務所などもイベントを開いています

2019年の最高気温は新潟県の40.7℃

例①　イベントに参加する
エンターテインメント色の強い啓発イベントなどが頻繁に開催されています。まずは、そういった催し物に参加してみましょう。知ることも立派なSDGsの行動です。

例②　環境の変化を意識する
近年、日本では酷暑が続き、過去最大級の台風が発生しています。なぜ、このような異常気象が続くのか？　環境問題は対岸の火事ではなく、私たちの身近な問題なのです。

もちろん、1人の力では気候や海洋環境の変化などを止めることはできません。しかし、世界中の人がSDGsに関心を持ち、日常生活の範囲内で消費活動や行動様式を改めていけば、その力は地球環境に大きな変化をもたらします。まずは自分の身近なことから、少しずつでも続けていくようにしましょう。

Step.2　自分にできることを考える

例①　消費行動を見直す
例えば、日々の食事につかわれる材料を地元で生産されたものに替えれば、輸送にかかるCO_2を減らせます。

電気自動車や
エコカーに替えて
もCO_2を減らせる

食品ロスを
減らす
ことも大事

例②　移動手段を見直す
タクシーや自動車に頼り過ぎないで、ちょっとした距離なら自転車、歩ける距離は歩くなど、移動手段を変えることでもCO_2削減に貢献できます。

Step.3　次世代へ受け継ぐ

世界を受け継ぐ
次世代のことを
考える

SDGsネイティブとは？
定義はないですが、目標達成年である2030年に大人になる小中学生や、SDGsに賛同して今から使いこなす若者を指す言葉です。

参照：Edu Town SDGs「わたしたち、みんなで取り組むSDGs」

05 SDGs が理解しやすくなる 5つの「P」

SDGs が掲げる 17 の目標を理解しようとするなら 5 つに分類して整理するといいでしょう。

SDGs の 17 の目標は扱う領域が多岐にわたるため、全体像をつかみにくいかもしれません。そこで、SDGs では 17 の目標を 5 つのキーワードで分類しています。これは「**5つの P**」と呼ばれ、5 つの P はそれぞれに相関関係があり、その上位には「People（人間）」が据えられていて、すべての「P」と関連しています。SDGs は「人間」を中心に考えられているのです。

①People（人間）
貧しさを解決し、健康に

[SDGsの目標1、2、3、4、5、6に対応]⋯⋯

すべての人の人権が尊重され、尊厳を持ち、平等に、潜在能力を発揮できるようにします。貧困と飢餓を終わらせ、ジェンダー平等を達成し、すべての人に教育、水と衛生、健康的な生活を保障します。

②Prosperity（繁栄）
経済的に豊かで、
安心して暮らせる世界に

[SDGsの目標7、8、9、10、11に対応]⋯⋯

すべての人が豊かで充実した生活を送れるようにし、自然と調和する経済、社会、技術の進展を確保します。

SDGsは「No one left behind（誰一人取り残さない）」という理念を掲げています。そのためには経済、社会、環境のバランスが重要です。そのバランスを保ちながら持続可能な開発を続けるためにも、まずは5つの「P」を理解することが大切なのです。さらにSDGsには、「普遍性」「包摂性」「参画型」「統合性」「透明性と説明責任」という5つの主要原則があります。

③Planet（地球）

自然と共存して、地球の環境を守る

[SDGsの目標12、13、14、15に対応]‥‥‥‥

持続可能な消費と生産、天然資源の持続可能な管理、気候変動への緊急対応などを通じ、地球の劣化を防ぐ。それにより、現在と将来の世代のニーズを支えられるようにします。

④Peace（平和）

平和と公正を実現しよう

[SDGsの目標16に対応]‥‥‥‥‥‥‥

平和で、恐怖と暴力がなく、公正なルールで、すべての人が受け入れられ、参加できる包摂的な世界を目指します。

⑤Partnership（パートナーシップ）

みんなが協力し合う

[SDGsの目標17に対応]‥‥‥‥‥‥‥‥‥‥‥‥

グローバルな連帯強化の精神に基づき、政府、民間企業、市民社会、国連機関を含む多様な関係者が参加し、グローバルなパートナーシップにより目標の実現を目指します。

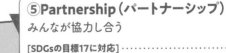

参照：国際連合「我々の世界を変革する：
持続可能な開発のための2030アジェンダ」
（外務省仮訳）

06 232のグローバル指標

SDGsの17の目標、169のターゲットに取り組んだときに、
その進捗状況や成果を測る232の指標が設定されています。

先述したように、SDGsは17の目標と169のターゲットで構成されています。
さらに、これらの目標の達成に向けて、進捗状況や成果を測るための**グローバ
ル指標**が設定されています。指標は延べ244あり、重複を除くと232になります。
この指標により、抽象度が高い目標やターゲットを具体的な目標値や達成度に
数値化できるので、目標への進捗状況を測ることができます。

ターゲット・レベル

抽象的な目標を達成するために、様々な問題を具体的かつ細分化して定めたターゲット
があり、ターゲットが解決されたかを測るために指標が設定されています。ターゲットで
狙いを定め、的を射たかを指標で判定するのです。

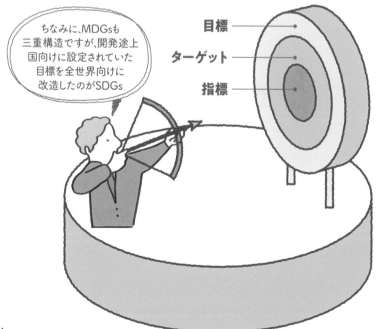

ちなみに、MDGsも
三重構造ですが、開発途上
国向けに設定されていた
目標を全世界向けに
改造したのがSDGs

目標
ターゲット
指標

232 のグローバル指標は、世界的な視点で設定されているので、国ごとにローカライズして用いられています。例えば、目標1のターゲット5「災害の脆弱性を軽減する」の場合、グローバル指標では「10万人あたりの災害による死者数、行方不明者数、直接的負傷者数」が設定されています。これを日本では、「消防庁『災害年報』における死者、行方不明者、負傷者の合計数を、直近の人口データ（国勢調査）で割った数値」と設定しています。

目標を示す三重構造

出典：外務省「SDGsグローバル指標」

07

世界の国々の SDGs 達成状況

日本では SDGs への認知度と取り組みが広がりつつありますが、海外の取り組みは、どうなっているのでしょうか?

「持続可能な開発ソリューション・ネットワーク（SDSN）」などが毎年、世界の**SDGs 達成度ランキング**を発表しています。2019 年版では、162 カ国中、最も達成度が高いと評価されたのはデンマークでした。続いて、スウェーデン、フィンランド、フランス、オーストリアが名を連ねました。アメリカが 35 位、中国が 39 位と、経済規模の大小と順位に相関関係がないのがわかります。

反レイシズム運動の盛り上がり

高齢の女性たちが、平和と平等のために声を上げています。きっかけは、極右政党「オーストリア自由党」が政権入りしたこと。国内の外国人排斥の声の高まりに対抗する運動として、ドイツにまで広がっています。

水会議、エネルギー小切手

政府と市民が協議して SDGs に取り組むフランス。低所得世帯の光熱費を援助するエネルギー小切手の普及、世界規模で水質を向上させ管理する世界水会議の設立など、積極的に取り組んでいます。

5 位
オーストリア

・65 〜 85 歳の女性による反レイシズム運動「Omas gegen rechts（極右に反対するおばあちゃん）」

4 位
フランス

・低所得層への光熱費の援助
・水質の向上と管理を目指す「水会議」を設立
・建物をリノベーションして第三次産業用建物のエネルギーを 2050 年までに 60% 削減

ランキング上位の国でも、17のすべての目標の達成に向けて順調に進んでいる国はなく、地球全体に与える影響力の大きい先進国の社会的責任が問われています。なかでも「目標⑬気候変動に具体的な対策を」「目標⑭海の豊かさを守ろう」「目標⑮陸の豊かさも守ろう」は、喫緊の課題であるだけでなく大国の影響が大きいので、取り組みを加速する必要があると指摘されています。

SDGs達成度ランキング

スウェーデンを抜き初の1位に

2019年のOECD報告によると、目覚しくジェンダーギャップが縮まっているのがデンマーク。前年の報告でも、男性の家事への無償労働時間が1週間に3時間6分と最多。ただし、女性の社会進出では課題が残っています。

男女平等度世界トップクラス

世界でも有数の男女差別のない国として、毎年上位にランク入りしています。34歳という若さの女性首相サンナ・マリン氏の就任や、閣僚のうち12人が女性、5与党のうち3党の党首が30代の女性など、女性の社会進出ではダントツです。

サスティナブル企業先進国

「H&M」や「ヌーディージーンズ」などサスティナビリティーの追求が世界的に注目されている企業が多く、過去3年間連続達成度1位に選ばれ、官民ともに、SDGsに積極的です。

1位 デンマーク

・男女ギャップの解消
・フードロスを25%削減
・ゴミの再利用
・「UN17 Village」（完全循環型エコヴィレッジ）の建造

2位 スウェーデン

・行政機関と国営企業の報告義務
・サスティナブル企業が多い
・ゴミのリサイクルを中心とした循環型社会の推進
・2045年までに排気量ゼロ

3位 フィンランド

・34歳の女性首相が誕生、閣僚の半数以上が女性
・男女平等
・長期にわたるクリーンエネルギーの利用実績
・イノベーションを興す技術力

出 典：SUSTAINABLE DEVELOPMENT SOLUTIONS NETWORK「Sustainable Development Report Dash boards 2019」
参照：IMATABI「世界が目指すSDGsって何？ 海外の取り組みと達成度ランキングTOP 5！」

08

日本のSDGs達成度は「世界15位」

世界で取り組みが進むSDGs、日本はどれくらい進んでいるのでしょうか？ 26ページのリポートを基に見ていきましょう。

2019年版のSDGs達成度ランキングでは、日本の順位は15位でした。17の目標のうち、達成と認められたのは、「目標④質の高い教育をみんなに」と「目標⑨産業と技術革新の基盤をつくろう」の2つで、フランス、ドイツ、イギリスには抜かれていますが、人口1億人以上の国では日本が1位です。日本のポテンシャルは高いのです。一方で「目標⑤ジェンダー平等を実現しよう」「目標⑫つくる責任つかう責任」など4つの目標が大きな課題として指摘されています。

達成した目標 ⇒ 4, 9

質の高い教育をみんなに
9年間の義務教育、その後の高等教育が全国的に普及している点が評価されました。

産業と技術革新の基盤をつくろう
ICT（情報通信技術）などで遅れを取っていますが、産業用ロボットの他、日本が世界トップの技術を持つ分野もあります。

課題が残る目標 ⇒ 1, 3, 6, 8, 16

重要な課題が残る目標 ⇒ 2, 7, 10, 11, 14, 15

出典：SUSTAINABLE DEVELOPMENT SOLUTION NETWORK「Sustainable Development Report Dashboards 2019」

2019年度版の「**グローバル・ジェンダー・ギャップ報告書**」では、調査対象153カ国の中で日本は121位。G7(先進国首脳会議)参加国で最下位でした。国会議員や企業の役員の女性比率の低さなどが理由で順位を下げています。ジェンダー以外も、再生可能エネルギーの割合の低さ、漁業資源の管理など、人権や環境などの課題が残っているので、今後も継続的な取り組みが必要です。

最大の課題の目標 ⇒ 5, 12,13, 17

ジェンダー平等を実現しよう
男女の給与格差や女性管理職の少なさ、 なくならないセクハラなど、課題が多いですね。

気候変動に具体的な対策を
過去最大規模の台風や猛暑など、日本も気候変動の影響を大きく受けていて、 緊急対策が必要です。

パートナーシップで目標を達成しよう
開発途上国が独力で発展することは難しく、 先進国の協力や援助は必須です。

生産と消費の持続可能な形を考える「目標⑫つくる責任つかう責任」も重要な課題

エシカル消費と SDGs

　これまで多くの消費者は、商品を購入する際に、これは誰がどこでつくり、どのような経緯で自分の手元に届いたのかということに十分に関心を持ってきませんでした。日本の最低賃金に遠くおよばない人件費でつくられた格安商品や、絶滅危惧種が素材となった衣服などを、無意識に購入していたかもしれません。そのような消費行動を避け、人や社会、地域、環境に配慮された商品やサービスを選択する消費行動を「エシカル（倫理的な）消費」と呼びます。欧米で高まったこのトレンドは日本にも普及してきています。近年、小売店では魚について「海のエコラベル」といわれる「MSC 認証」や、持続可能な森林からの木材・紙等の「FSC 認証」など、「認証」を受けた商品が広まってきました。

　このような広義のエシカル消費は、消費者が自身の消費行動を通して世の中を変えられるので、SDGs として実践しやすい行動です。このことからも、SDGs に企業が果たす役割の大きさが理解できます。寄付つき商品の販売や、社会課題の解決に寄与するための「CRM（社会的大義のある広告）」の取り組みなども増えつつあります。これに SDGs を関連させれば、消費者の選択を通じて企業の SDGs の取り組みも活発化していきます。

☑ KEY WORD

プラネタリー・バウンダリー P.17

人類の活動が与える環境的な負荷が、限界を超えて取り返しがつかない「不可逆的かつ急激な環境変化」を呼び起こす危険性があるものを指す言葉。「地球限界」「惑星限界」とも呼ばれる。ストックホルム・レジリエンス・センターのヨハン・ロックストローム、オーストラリア国立大学のウィル・ステファンによって提案された。

☑ KEY WORD

SDSN P.26

「Sustainable Development Solutions Network（持続可能な開発ソリューション・ネットワーク）」の頭文字を取ったグローバルなネットワークのこと。2012年、潘基文国連事務総長によって設立された。持続可能な開発へ向けて、学術機関や企業、市民団体などの連携により解決策を導き出すことを目的としている。現在世界各地に活動拠点があり、日本では2015年に「SDSN Japan」が発足した。

☑ KEY WORD

UN17 Village P.27

デンマークが進めている「SDGsを体現する村」をつくるプロジェクト。家を建て、住み、壊すというサイクルで生まれる膨大な廃棄物をなくし、持続可能な循環にする試みで、首都コペンハーゲン南部に400軒800人が住めるエコビレッジをつくる予定。廃棄予定の建材を利用した「アップサイクル資材」、100%再生可能エネルギー、年間1500万リットルの雨水利用など、様々な持続可能な開発が盛り込まれている。

☑ KEY WORD

グローバル・ジェンダー・ギャップ報告書 P.29

国際機関「世界経済フォーラム」が発表する各国における男女格差に関する報告書。経済、教育、健康、政治の4分野のデータを、0が「完全不平等」、1が「完全平等」と指数化した「ジェンダー・ギャップ指数（▶P.69）」で算出している。

☑ KEY WORD

CRM P.30

「Cause-related marketing」の頭文字を取った言葉で、特定の商品やサービスの売り上げの一部を環境保護や社会貢献に結びつくように寄付する取り組み、企業のイメージアップを図るマーケティング手法のこと。ただ企業ブランディングの役に立つというだけではなく、消費者にとっては、商品選択や消費行動を通して社会貢献できるというメリットがある。

Chapter

2

SDGs
mirudake notes

最初に押さえておきたい
SDGsの17目標

SDGs の 17 の目標は、世界が一丸となって達成を目指すことが求められています。世界中の国や企業ばかりでなく、私たち一人ひとりがそれぞれの目標達成を目指すことが重要なのです。なぜなら、17の目標に無縁な人は地球上に一人もいないからです。

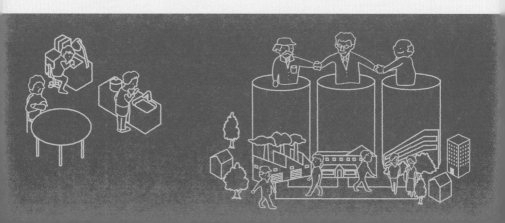

目標 01 貧困をなくそう

貧困の解消は途上国の絶対的貧困の問題だけではなく、先進国における相対的貧困の撲滅も重要な課題です。

貧困は様々な要因が複雑にからみ合った問題です。先進国でも途上国でも、政府、自治体、企業などの組織のみならず、一人ひとりが積極的に関わりながら、まずは適切な所得を確保することが、社会・環境課題の解決にもつながります。そのため、包括的に取り組むことが重要なのです。

「国際貧困ライン」と「多次元貧困指数（MPI）」

☑ **国際貧困ラインとは?** 国際貧困ラインは、1日1.9ドル未満で暮らす人の比率のことです。

1990年 貧困層の数
約18億9500万人（約36%）

2015年 貧困層の数
約7億3600万人（約10%）

何か食べ物がないかなぁ

もう動く気力もない…

所得額で比べた場合、貧困層の半数以上はサハラ以南アフリカの人たちとされています

貧困層は確実に減少しているね

先進国では「相対的貧困」、つまり貧富の格差の拡大が問題なんだ

出典：厚労省「国民生活基礎調査（2015）」／世界銀行『国際貧困ラインに基づく地域別貧困率（2015）』

貧困について SDGs はターゲット 1.1 で、1 日 1.25 ドル未満の「極度の貧困」を終わらせるとしています。貧困の指標はいろいろ開発されており、世界銀行は「国際的貧困ライン」を定めています（現在はこれを 1.9 ドル〈約 200 円〉に設定）。これによれば、世界の貧困率は低下しつつありますが、いまだに約 10％の人々が極度の貧困状態にあるとされています（2015 年）。また、2010 年には国連開発計画が健康、教育、生活水準の面における貧困の程度と発生頻度で計算する「多次元的貧困指数」を導入。これに基づくと、約 13 億人が貧困状態にあるとされています（2019 年）。一方、先進国でも相対的貧困（※）の課題があり、日本では 6 人に 1 人が月に 10 万円以下で暮らす状態で、特に一人親家庭、とりわけ母子家庭への支援は重要な課題となっています。

📝 多次元貧困指数（MPI：Multidimensional Poverty Index）とは？

国連開発計画（UNDP）が 2010 年に導入した新たな貧困の指標で、健康、教育、生活水準の 3 要素から複数の種類の貧困がどのように重なり合っているか、多次元貧困状態にある人の割合を示すものです。

＊下図（　）内は各分類のウェイト

教育
❶就学年数（1/6）
就学経験年数が 6 年以上の世帯員がいない
❷子どもの就学（1/6）
学校に通うべき年齢の子どもが就学していない

健康
❸子どもの死（1/6）
過去 5 年間に子どもが亡くなった
❹栄養（1/6）
栄養不足の成人または子どもがいる

生活水準
❺電力（1/18）
電気の供給がない
❻衛生（1/18）
下水設備がない、またはほかの家と共有している
❼安全な飲料水（1/18）
安全な水が得られない、または水の入手に往復 30 分以上かかる
❽床（1/18）
家の床が泥や砂、動物の糞など
❾炊事用燃料（1/18）
糞や木材、木炭で料理をする
❿資産（1/18）
ラジオ、テレビ、電話、自転車、二輪車、冷蔵庫、自動車、トラックのいずれも持っていない

該当した指標の合計値が 3 分の 1 を超えた世帯人数が貧困者とされ、全人口との割合を求めたものが「多次元貧困指数」に基づく貧困率です

多次元貧困指数で見た場合、実は低所得国よりも中所得国で貧困に陥っている人が多い。したがって、豊かな国と貧しい国を分けて考えることに、もう意味はないのではないかしら

出典：UNDP「2019 年グローバル多次元貧困指数、主な調査結果」／内閣府　国際連合開発計画「多次元貧困指数」を構成する項目一覧

※相対的貧困…ある国や地域の平均的な生活水準と比べて経済的に貧しい状態のこと。

目標

02

飢餓をゼロに

世界から飢餓や栄養不良をなくすためには、持続可能な農業を
促進し、農業生産性の改善が欠かせません。

世界中で、**飢餓**とあらゆる栄養不良に終止符を打ち、持続可能な食料生産を達
成することを目指しています。誰もが栄養のある食料を将来にわたって十分得
られるようにするためには、環境と調和した**持続可能な農業**を推進し、生産者
の所得を確保し、農業生産性を高めるための研究・投資を行なう必要があります。

途上国の飢餓の原因の一つ「森林伐採」

森林伐採が原因で生態系の破壊や環境破壊が起こり、農地が使用できなくなることでや
むなく森林伐採を繰り返すという悪循環に加え、最近頻発する異常気象や災害多発が、
さらなる飢餓を生む原因となっています。

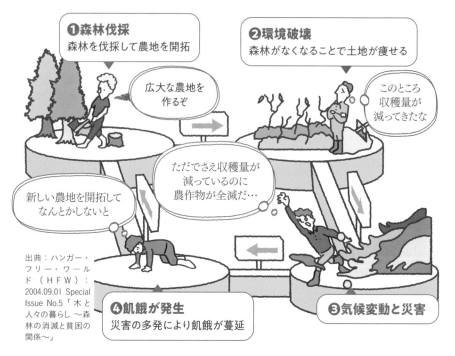

❶森林伐採
森林を伐採して農地を開拓

広大な農地を
作るぞ

❷環境破壊
森林がなくなることで土地が痩せる

このところ
収穫量が
減ってきたな

ただでさえ収穫量が
減っているのに
農作物が全滅だ…

新しい農地を開拓して
なんとかしないと

出典：ハンガー・
フリー・ワール
ド（ＨＦＷ）:
2004.09.01 Special
Issue No.5「木と
人々の暮らし ～森
林の消滅と貧困の
関係～」

❹飢餓が発生
災害の多発により飢餓が蔓延

❸気候変動と災害

出典：国連「経済社会局人口部」『世界人口推計 2019 年版』

過去 20 年間で世界の栄養不良の人の割合はほぼ半減しましたが、今でも日常的に空腹を抱えている人は約 8 億人いるといわれています。また、国連世界食料計画などによると 5 歳未満の子どものうち、およそ 4 人に 1 人が栄養不良状態にあり、年間約 310 万人もの 5 歳未満の子どもが栄養不足が原因で命を落としていると推計されています。国連報告では、2050 年までに世界の人口は 97 億人に達すると予測されており、さらに飢えに苦しむ人が増え続けることになります。飢餓の解決のためには、持続可能な農業の促進、食料流通網の整備、公正な貿易ルールなどが欠かせません。さらに、児童労働などをさせない、社会的にも公正な食料生産のためのフェアトレードの仕組みも重要です。

出典：国連広報センター「持続可能な開発目標（SDGs）―事実と数字」

持続可能な農業とは？

❶進んだ農業技術などを用いて、持続可能な食料生産・流通の仕組みを広める必要があります。

❷安定的に食料を消費者に供給するためには、物流網の整備や処理加工の技術が重要です。

流通網ができて地域の暮らしも安定してきた

先進技術で持続可能な農業を広めよう

今年はこんなに作物が獲れた

今日は注文した資材・肥飼料・食料が届く日だ

STORE

お店に行けばいろんな食べ物があるから安心！

六次産業化の仕組み

農業者が、農畜産物の生産だけでなく、食品加工（二次産業）、流通販売（三次産業）にも取り組み、それによって農業を活性化させ、農村の経済を豊かにしていくことです。

❺生産品の質が向上

おいしい！

❶適正価格で取引

❷収入が安定し技術も高まる

収入アップでやる気もアップ！

❹投資により環境も整う

❸加工・流通にも工夫

目標 03

すべての人に
健康と福祉を

健康、医療、保健サービスはすべての国で人間生存にとっての
必須要素です。

2019～2020年のCOVID-19（新型コロナウイルス）のパンデミック（世界的流行）
は、まさに**世界的感染症**の怖さを実感させています。こうした感染症や病気は、
先進国・途上国共通の重大な課題であり、医療機関のサービスレベルの保持が
重要です。特に医療サービスの充実やワクチン・医薬品開発は人間生存の基
盤になります。また、世界の医療格差をなくす必要もあります。

世界三大感染症

血液や体液を介し
て人から人へ感染

患者のせきなどを介
して空気感染

\ Je t'aime /

ゲホゲホ

大丈夫か？

エイズ（HIV）
世界の感染・患者総数　約3300万人
年間新規感染者数　約260万人
年間死亡者数　約180万人

出典：2010年 UNAIDS統計

あっち
行け！

結核
年間発病者数　約940万人
年間死亡者数　約170万人

出典：2010年 WHO世界結核対策報告書

マラリア原虫を蚊が
媒介することで感染

マラリア
年間罹患者数　約2億2500万人
年間死亡者数　約78万人

出典：2010年 WHO世界マラリア報告書

世界では、年間約530万人以上の5歳未満の子どもたちが命を落としており、そのうち約半数は生後1カ月未満の新生児です。また、途上国における妊産婦の死亡率は先進地域の14倍にも達しています。世界三大感染症といわれるマラリア、エイズ（HIV）、結核も途上国を中心に蔓延しており、毎年何百万人もの人々が命を落としています。水や衛生環境を改善し、途上国の人々が病気の知識を得られるよう様々な教育支援を行なうことも必要とされます。また、途上国ばかりでなく先進国にも様々な健康問題があります。さらに、**交通事故死**の減少もこの目標のターゲットの一つです。

先進国における健康問題

先進国にも寿命を縮めたり、死亡率を高める要因が数多くあります。生活習慣病やメンタルヘルス、たばこ、アルコールなどはその代表例です。

出典：国際連合死亡率推計に関する機関間グループ（IGME）報告書『Levels and Trends in Child Mortality 2017』／国際連合広報センター「持続可能な開発目標（SDGs）—事実と数字」(2018)

目標 04

質の高い教育をみんなに

持続可能な未来の構築には、すべての人がしっかり学ぶ必要
があります。

持続可能な社会づくりには、**課題を正確に理解できるようになる教育**が重視され
ます。持続可能な開発のための教育や持続可能なライフスタイルに貢献するた
めの教育というのは、学校教育ばかりではなく、職場での職業訓練、生涯教育
など、あらゆる学びの場が関連します。先進国でも教育レベルの低下や青少年
の「生き抜く力」の低下が課題です。

途上国で読み書きができない女性が多い理由

伝統的な差別や習慣
女性は家事をするものだか
ら、勉強なんて役立たないと
考える親がいるため。

貧しさのせい
きょうだいすべてを学校に通わせる
お金がない家庭では多くの場合、
男の子が優先されるため。

行ってきます

女の子
なんだから…

学校が遠過ぎる
家から学校が遠過ぎると、「危険な道を歩かせてま
で通わせたくない」と思う親が多いため。

危ないから
家にいなさい

男女の性別の
違いだけでなく「貧困世帯」や
「少数民族」「障害者」といった
理由で学校に通えない
子どもたち…

出典：日本ユネスコ協会連盟公式サイト

40

世界を見ると、途上国では学校に通えず、教育を受けることができない6〜14歳の子どもが1億2000万人以上いるといわれています。また、世界には文字の読み書きができない人たちが約7億5000万人もおり、そのうち約3分の2は女性です。途上国のすべての子どもたちが基礎的な読解力を身に付けて学校を卒業できれば、自分の力で収入を得て、自立していくことができるようになります。そのためには、まずは**学べる環境**を整える必要があるのです。

出典：ユニセフ　盗まれた将来「学校に通っていない子どもたち」(2018)

持続可能な開発のための教育のイメージ

目標 05

ジェンダー平等を実現しよう

ジェンダー・ギャップは、途上国・先進国すべてに関係し、日本でも解決すべき課題となっています。

男女間の不平等は、先進国でも雇用や給与、家事負担や政治参加などの格差が指摘されています。ちなみに、2019年に発表された**グローバル・ジェンダー・ギャップ指数**（男女格差を表す指数）では、日本は153カ国中121位と主要先進国の中では最下位でした。また、近年は日本でも共働き夫婦が増えていますが、保育園や幼稚園が足りない地域はまだ多くあり、第一子出産後に退職する女性の割合は3割を超えます。少子高齢化が進む現在、ジェンダー平等の推進は日本でも不可欠な課題です。

出典：国立社会保障・人口問題研究所「第15回
出生動向基本調査（夫婦調査）」(2016)

ジェンダーとは？

男女の違いには、身体のつくりや妊娠・出産における役割のほかに、それぞれの社会や文化の中で要求されたり無意識のうちにイメージされる役割があります。それが「ジェンダー」です

女の子
なのに…

男らしく
しなさい！

※LGBTQ…レズビアン、ゲイ、バイセクシャル、トランスジェンダー、クエスチョニング（ジェンダークィア）の頭文字を取った性的少数者の総称。

One point

SDGsでは、最近話題のLGBTQ（※）と呼ばれる性的少数者（セクシャルマイノリティ）については明示的に触れられていません。しかし、そうした性的少数者に対する差別や偏見も、先進国・途上国の双方で解決が急がれる課題の一つです。

世界では、毎年約1200万人の女性が18歳未満で結婚しており、途上国では幼いうちに強制的に結婚させられる女性もいます。また、15〜49歳までの女性の約18%が、過去12カ月以内にパートナーの男性から身体的暴力や性的暴力を受けているといった深刻な問題もあります。

様々なジェンダー問題

☑ 日本におけるジェンダー・ギャップ
※順位は153カ国中

経済
女性の経済参加率、賃金格差、管理職の男女比など

115位

教育
識字率、高等教育進学率など

91位

健康
出生時の男女比、健康寿命など

40位

政治
閣僚および過去50年間の首相の男女比など

144位

出典：The Global Gender Gap Report 2019

世界と同じデータで比較すると、残念ながら日本での女性活躍は順位が低いというのが現状です。一方、日本でも女性活躍推進法が施行され、ジェンダー問題への積極的な取り組みが始まっています

☑ 児童婚
幼いうちの結婚は妊娠・出産にともなうリスクが高まり、教育の機会が奪われるなど様々な問題がある。

☑ 男性による女性への暴力
男性による女性への暴力は、地域や社会的階層、経済状況などを問わず、全世界で繰り返されている。

15歳未満で結婚した女性の数は推定2億5000万人

家族のために結婚しなさい

まだ結婚なんてしたくない…

世界では約3分の1の女性が身体的または性的虐待を経験

俺の言うことが聞けないのか！

…

出典：国連広報センター「持続可能な開発目標（SDGs）報告」(2019)／日本ユニセフ協会公式サイト

目標 06 目標 安全な水とトイレを世界中に

安全な水の確保のためには、水道などのインフラ整備や生態系保全のほか、トイレの整備が課題です。

水の確保は、人類の存続のためには必須の要素です。水に恵まれている国でも、その恵みを大事にする取り組みや災害を防ぐ治山治水が課題です。世界全体を見ると、約22億人が**安全な水**を確保できていないとされます。また、約42億人が安全に管理されたトイレを使うことができていないとされ、それらが原因で毎年200万人以上が下痢性の病気で命を落としています。そこで、SDGsでは「水」のみならず「**トイレの整備**」が特記されています。

世界の水問題の事実と数字

地球上では1990年から2015年にかけて、改良型飲料水源（安全な水道など）を利用できる人類の割合は76%から90%に上昇しました

毎日約1000人の子どもが水と衛生関連が原因の下痢症で命を落としている

敷地内で水が得られない世帯の80%では女性と女児が水汲みをしている

10人に6人は安全な衛生施設（トイレ）を利用できず、8億9200万人以上が屋外で排泄をしている

お腹が痛い…

10人に3人は安全な飲料水サービスを利用できない

出典：「ユニセフと世界保健機関による水と衛生に関する共同監査プログラム（JMP）」2019／国際連合広報センター「持続可能な開発目標（SDGs）―事実と数字」2018

洪水や水関連災害による死者は、自然災害による死者全体の70%

森林にはきれいな水を地中にため込み、気候変動を緩和する役割があります。しかし現在、森林伐採などによる地球の砂漠化や温暖化が進行しており、水不足や災害の原因の一つとなっています。そのような地域では、**治山治水**や地下貯水などの施設やシステムの整備が急がれます。水に恵まれている日本では、水源管理や治山治水面での高い技術力に期待が集まります。

水不足の原因と解決策

☑ 先進国の水問題

日本でも水源の確保や洪水の防止などの水の管理面が課題で、高い浄水技術力や水源管理の手法が生きる分野です。

焼き畑農業

森林伐採

宅地や街の造成

たくさん
切って
売りさばこう

大きくなれば
高く売れるぞ

牧畜

広い畑を
つくって
作物を増やそう

景気がいいから
家がどんどん
売れるぞ

☑ 水問題を解決するには?

水圏生態系の保護
河川、湖沼、海などの水圏生態系の保護は、水生生物だけでなく水質や水量、水辺地の保全にもつながります。

水と衛生設備（トイレ）の支援
NPOや企業などによって、途上国での井戸の建設や衛生的なトイレの設置、下水整備などの支援が行なわれていますが、まだ十分とはいえない状況です。

日本の治山治水関連のノウハウや技術力も重要です。

目標 07 目目 エネルギーをみんなに そしてクリーンに

温室効果ガスを排出する化石燃料の使用が、地球温暖化の一因となっています。

エネルギーの確保は、どの国にとっても重要な繁栄の要素です。これまで世界の人々は石炭や石油などの**化石燃料**に頼ってきましたが、現在、それらを燃やすことで発生する二酸化炭素などを原因とする地球温暖化が進行しています。そこで**クリーンエネルギー（再生可能エネルギー）**への転換が求められています。また、世界では約8億4000万人が電気を使えない生活をしています。そのうち約30億人は料理や暖房のために薪や炭、動物の排泄物などを燃やして生活しており、それらが出す煙は時に深刻な健康被害をもたらすため、「無電化地帯」の解消も課題となっています。

出典：国連広報センター「持続可能な開発目標（SDGs）報告」(2019)

エネルギー資源は有限

現在、世界の経済や生活は、その大部分を石油や石炭、天然ガスなどの化石燃料に頼っていますが、それらは近い将来に枯渇すると予想されています。

ちなみに
日本人1人あたりの電力消費量は世界平均の2倍以上ですが、エネルギー自給率はわずか9.6%程度です

※2017年時点

50年 石油
51年 天然ガス
99年 ウラン
132年 石炭

出典：経済産業省・資源エネルギー庁「日本のエネルギー2019」／
一般財団法人日本原子力文化財団「原子力・エネルギー図面集」

現在、太陽光や風力、地熱などの自然の力を利用することで二酸化炭素などの温室効果ガスの排出を抑えるクリーンエネルギーが注目されています。まだ発展段階にあるクリーンエネルギーは現状、従来の方法よりもコストがかかるという欠点がありますが、技術水準は上がっており、またクリーンエネルギーに転換するための政策も展開されています。今後は、各国の状況に見合った安価でクリーンなエネルギーの開発が課題となります。

主なクリーンエネルギー

これまで主流だった化石燃料に代わるものとして、現在、太陽光や風力、地熱など自然の力を利用したクリーンエネルギー（再生可能エネルギー）の研究開発が進んでいます。

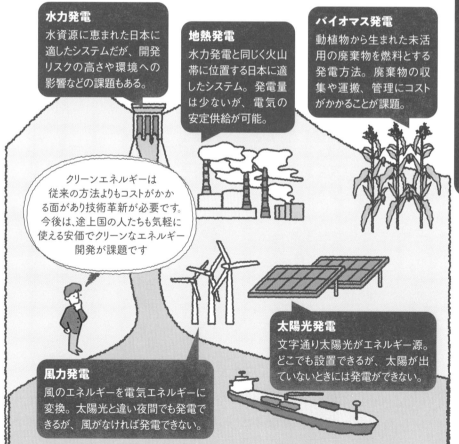

水力発電
水資源に恵まれた日本に適したシステムだが、開発リスクの高さや環境への影響などの課題もある。

地熱発電
水力発電と同じく火山帯に位置する日本に適したシステム。発電量は少ないが、電気の安定供給が可能。

バイオマス発電
動植物から生まれた未活用の廃棄物を燃料とする発電方法。廃棄物の収集や運搬、管理にコストがかかることが課題。

クリーンエネルギーは従来の方法よりもコストがかかる面があり技術革新が必要です。今後は、途上国の人たちも気軽に使える安価でクリーンなエネルギー開発が課題です

太陽光発電
文字通り太陽光がエネルギー源。どこでも設置できるが、太陽が出ていないときには発電ができない。

風力発電
風のエネルギーを電気エネルギーに変換。太陽光と違い夜間でも発電できるが、風がなければ発電できない。

目標 08 働きがいも経済成長も

持続可能な経済成長を遂げるためには、雇用創出や起業、「働きがいのある人間らしい仕事」が重要です。

現在、持続可能な繁栄のために世界で「働きがいのある人間らしい仕事（**ディーセント・ワーク**）」が求められています。2015年には英国で「現代奴隷法」というショッキングなタイトルの法律ができ、日本でも**働き方改革**関連法ができました。また、途上国では失業率の高さとともに**児童労働**が大きな問題となっています。世界では、5〜17歳の子どもたちのうち10人に1人にあたる約1億5000万人が働いており、中には奴隷のような状態で働く子どもたちもいます。児童労働の撲滅は重要な課題であり、企業にとっては重大なリスクの一つとなっています。

出典：日本ユニセフ公式サイト

世界の主な労働問題

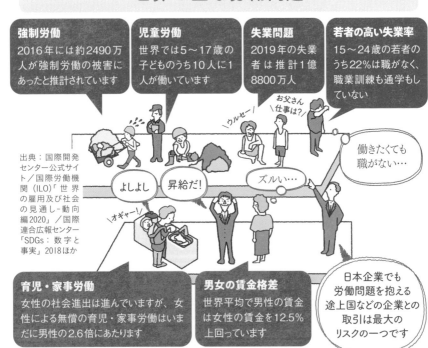

強制労働
2016年には約2490万人が強制労働の被害にあったと推計されています

児童労働
世界では5〜17歳の子どものうち10人に1人が働いています

失業問題
2019年の失業者は推計1億8800万人

若者の高い失業率
15〜24歳の若者のうち22％は職がなく、職業訓練も通学もしていない

出典：国際開発センター公式サイト／国際労働機関（ILO）「世界の雇用及び社会の見通し–動向編2020」／国際連合広報センター「SDGs：数字と事実」2018ほか

育児・家事労働
女性の社会進出は進んでいますが、女性による無償の育児・家事労働はいまだに男性の2.6倍にあたります

男女の賃金格差
世界平均で男性の賃金は女性の賃金を12.5％上回っています

日本企業でも労働問題を抱える途上国などの企業との取引は最大のリスクの一つです

目標8では、ディーセント・ワークの促進も目標の一つとされています。日本でもブラック企業が社会問題化するなどディーセント・ワークの重要性は近年、高まっています。長時間労働の是正や女性・若者の活躍推進、テレワークの普及展開などの施策が官民一体で進められています。持続可能な経済成長を遂げるためには、雇用創出や起業、ディーセントな雇用環境が重要です。

日本における労働の課題と「働き方改革」

日本においても多くの労働に関する課題があり、それらを解決するために日本政府は「働き方改革」を推進しています。

■ 日本における労働の課題

出典：国際労働機関（ILO）2019年報告書

目標 **09** 目

産業と技術革新の基盤をつくろう

世界の繁栄のためには、産業を発展させ、災害などに強いインフラを開発、整備し、技術革新する必要があります。

経済性も重視する SDGs において、この目標は重要です。**産業化**と**技術革新**がないと複雑な世界課題に対処できないからです。また、これまで先進国が培ってきた**インフラ**や産業技術を、さらに磨いていく必要があります。一方、途上国には、水道や電気、交通網やインターネットなど、先進国では普及しているインフラがつかえない人たちがたくさんいます。

インフラがないと生産性が向上しない

暗いし情報も得られない

緊急事態だけどどうやって連絡を取れば…

インフラが不十分なことで…

世界では約26億人が不安定な電力供給の中で生活

世界では10～15億人が信頼できる電話サービスを受けられない

電気と機械があれば生産性が上がるのに…

企業の生産性が向上しない

また下痢で働けない…

公衆衛生の問題で安全かつ安定した生活が送れない

途上国ではこれらインフラの整備が不十分なことで生産性が40％も失われているとの報告もあります

持続可能で強靭（**レジリエント**）な交通・物流網や情報通信技術を含めたインフラへの継続的な投資は、経済成長と開発には欠かせません。同時に科学的研究と技術革新への投資も重要です。技術とイノベーションは、新たな雇用機会の提供やエネルギー効率の改善など、経済面と環境面と社会面の課題解決策を見出すうえで、SDGsの目標達成に向けた取り組みの基盤になるのです。

インフラ整備による産業化の効果

◨ 産業化が雇用を生む

製造業で雇用が1件増えるとほかの部門で2.2件の雇用が生まれます。

生産加工と製造に携わる中小企業は全世界の企業の90%以上を占め、雇用の50〜60%を創出しています。

◨ 産業に欠かせないインフラ

※アグリビジネス…アグリカルチャー（農業）とビジネス（事業）を組み合わせた造語で、農業に関連した経済活動全体のこと。

出典：国際連合広報センター「持続可能な開発目標（SDGs）―事実と数字」2018

目標10 人や国の不平等をなくそう

現在、国家間の格差は減少傾向にありますが、各国内における格差拡大が問題となっています。

現在、世界で最も裕福な資産家である42人の総資産額は、世界人口の下位半数である約37億人の総所得に匹敵するとされ、貧富の格差が問題となっています。一方、途上国でつくられた作物や製品を適切な値段で継続的に購入する**フェアトレード**は世界的に広がりつつあり、国家間における経済的格差は小さくなる傾向にあります。また、さらなる国家間の**格差是正**のため、国境を越えて国や企業に課税し、分配する**グローバル・タックス**の導入も検討されています。

広がり続ける格差

上の数字以外にも、上位10%の富裕層が世界の所得の40%を占め、一方、下位30%の約23億人の所得はわずか2〜7%との推計もあります。

約10%のお金持ちが世界の所得の約40%を占有

約30%の貧困層の所得はわずか2〜7%

また、2017年に国際協力団体オックスファムは世界で最も豊かな8人が世界の貧しい層である約半分の36億人に匹敵する資産を所有していると発表しました

出典：国際連合開発計画（UNDP）駐日代表事務所公式サイト「持続可能な開発目標」／オックスファム「99%のための経済」

しかし、各国の国内ではむしろ格差は拡大傾向にあり、日本でも生活保護費以下の収入で暮らす子育て世帯の増加や、高齢者の貧困率の上昇など多くの課題があります。また、世界には経済的格差だけでなく、性別や年齢、障害の有無、国籍、人種、階級、宗教、難民、性的マイノリティなど様々な不平等や差別があり、それらが格差を生む原因になっています。こうした不平等をなくすためには、その原因の一つである偏見を見直し、私たち一人ひとりが多様性を認め合う必要があります。さらに、自社内ばかりでなくサプライチェーンのすべての業務について給与などの平等化をはかることも均等待遇につながります。

目標10に関連した、企業ができる取り組み

男女均等の雇用と昇進
・給与の男女格差の是正
・女性管理職の登用促進

マイノリティの雇用
・障害者や外国人などの雇用促進

まさに
私たちのための
サービス!!

自社内ばかりでなく
サプライチェーンのすべての
業務について給与などの
平等化をはかることも
均等待遇につながります

マイノリティ向け新サービス
・マイノリティ向けに特化した
　製品やサービスを開発・提供

均等待遇の推進
・雇用形態によらず同一
　労働同一賃金を推進

目標 11 住み続けられる まちづくりを

持続可能なまちづくりのためには、都市化の問題をはじめ、多くの課題を解決していく必要があります。

現在、世界の半数以上の人々が都市部に居住しており、さらに今世紀半ばまでに 25 億人増え、世界人口の 68％に達する見込みです。都市部では、高所得の仕事や効率的なサービス、交通手段の恩恵などを受けられる一方で、**スラム化**や環境汚染など様々な問題が発生しています。こうした都市化の問題を解決するためには、効率的で参加型の都市計画や管理を実践していく必要があります。

出典：国際連合「世界都市人口予測・2018 年改訂版」

都市に発生する問題

課題先進国の日本では、少子高齢化に歯止めをかけ、地域の人口減少と地域経済の縮小を克服し、将来にわたって成長力を確保することが必要です。政府では**内閣府地方創生推進事務局**が持続可能なまちづくりや地域活性化に向けて、SDGs の理念に沿って取り組みを推進。行政、民間事業者、市民などの異なるステークホルダー間で SDGs を**地方創生**に向けた共通言語として活用しています。「SDGs 未来都市」も 2018、2019 年度で 60 選定されています。

「住み続けられるまち」をつくるためにできること

住まいやオフィスの省エネ化
・照明、暖房などのエネルギー効率を高めたスマートホーム
・スマートオフィス、グリーンビルディングなどの導入

スマートシティをつくろう

都市が高温化するヒートアイランド現象の緩和に効果があるとして、屋上菜園も注目を集めています

高齢者や子どもも安心して安全に過ごせる空間づくりも大切です

廃棄物の削減
・再使用やリサイクルの推進
・エコバッグやマイボトルの使用

移動手段
・公共交通機関などへのエコカーの導入
・電動アシスト自転車シェアサービス、太陽光発電などの活用

公害がなく災害に強いまちづくりのためには質の高いインフラ整備も重要です

その他、文化・自然遺産の保護・保全も重要なまちづくりです

目標 12 つくる責任 つかう責任

私たちが商品やサービスを生産、消費する方法を変えることで、環境への負荷を減らし、生活の質の向上をもたらします。

資源が有限ななかで、循環型社会の形成は喫緊の課題です。そのためには消費者が環境や社会にやさしいモノやサービスを選択する「つかう責任」と、同じ方向性での「つくる責任」が求められています。例えば、身近な課題として、現在、全世界で消費者向けに生産された食料のうち、およそ3分の1にあたる約13億トンが廃棄されています。日本では、2015年度の食品廃棄物が年間2842万トンで、そのうち646万トンが**食品ロス**とされています。

食料生産と食品ロスによる環境への影響

農業や畜産は水や生態系との調和が必要です

現在、人類は自然が再生、浄化できる以上の早さで水を汚染しています

これらが環境破壊や水不足を招くほか、気候変動による災害をもたらします

生産された食料の3分の1が廃棄され、燃やされれば、温室効果ガスを排出します

ちなみに、食料に関連したエネルギー消費は、全世界のエネルギー消費の約30%を、温室効果ガス排出量全体の約22%を占めています

出典：FAO『世界の食料ロスと食料廃棄』／消費者庁『食品ロス削減関係参考資料（2019）』／国連広報センター「持続可能な開発目標（SDGs）―事実と数字」

食品ばかりでなく、石油やガスなどの化石燃料や水資源、森林資源のムダ使いも環境破壊の原因となっています。特に「廃プラスティック問題」が深刻です。また、ムダ使いとは別に、生産の過剰も環境破壊や資源の枯渇を招く原因となります。人類が地球環境に与えている負荷の大きさを測る指標に**エコロジカル・フットプリント**がありますが、2018年にGFN（※）が発表したデータでは、世界中の人類の生活を支えるには地球1.7個分の自然資源が必要とされています。

エコロジカル・フットプリントとは？

エコロジカル・フットプリントとは、特定の地域の経済活動の規模を土地や海などの表面積に換算して、どれだけ自然環境に依存しているのかを表すための指標です。

◼ 各国の資源消費量に対して必要な地球の数

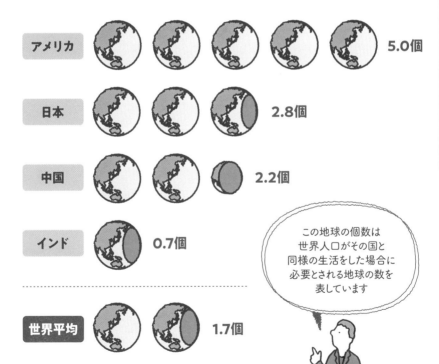

アメリカ	5.0個
日本	2.8個
中国	2.2個
インド	0.7個
世界平均	1.7個

この地球の個数は世界人口がその国と同様の生活をした場合に必要とされる地球の数を表しています

※GFN…グローバル・フットプリント・ネットワークの略。持続可能性を計測可能とするツールであるエコロジカル・フットプリントを発展させることで、持続可能性の科学を追求する団体。

出典：グローバル・フットプリント・ネットワーク, NFA2018

目標 13

気候変動に 具体的な対策を

気候変動を解決するためには、温室効果ガスの排出削減や低炭素社会へのシフトが重要です。

世界の平均気温は、1880年から2012年の間に0.85℃上昇しています。日本でも100年あたりで1.14℃のペースで気温が上昇し、降水量も増加していることがわかっています。その原因は、温室効果ガスが増え過ぎたことによる**地球温暖化**だと考えられています。温暖化は気温の変化だけでなく、ハリケーンや台風、集中豪雨、海面上昇などをもたらすほか、猛暑や干ばつなどの原因になります。

出典：IPCC（気候変動に関する政府間パネル）第5次報告書（2014）／JCCCA（全国地球温暖化防止活動推進センター公式サイト）

地球温暖化が引き起こす問題

地球温暖化
二酸化炭素などの温室効果ガスが、太陽光に温められた地球が放出する熱の一部を吸収してしまうことで起こる

海面上昇
低地が水没してしまう

干ばつ
水不足や農作物の不作の原因となる

集中豪雨
農作物の不作、洪水、土砂崩れなどの原因となる

台風・ハリケーン
暴風雨が多大な被害をもたらす

太陽

熱

温室効果ガス

地球

太陽光

地球温暖化が原因なんだね

地球温暖化は、二酸化炭素をはじめ、メタン、一酸化二窒素などの温室効果ガスの大気中濃度が増加することによって起こります。これを防ぐためには、すべての国が協力して温室効果ガスの排出を抑える必要があります。2015年に採択されたパリ協定では、産業革命以前と比べて世界の平均気温上昇を**2℃未満**に抑えることを目標としています。加えて、平均気温上昇**1.5℃未満**を目指すことが盛り込まれました。すべての国が2020年以降の温室効果ガス削減目標の国連への提出を義務づけられ、各国は自主的に目標を定め、そして5年ごとに報告・レビューします。

気候変動の解決に向けて

☑ **国別の二酸化炭素排出量の割合** ※出典：EDMC「エネルギー・経済統計要覧2019年版」

中国 28.0%
その他 40.3%
アメリカ 15.0%
インド 6.4%
ドイツ 2.3%
ロシア 4.5%
日本 3.5%

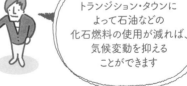

2015年にパリ協定が採択され、21世紀後半には温室効果ガス排出量と（森林などによる）吸収量のバランスをとることが目標とされています

☑ **トランジション・タウン**

2006年にイギリスで始まった、石油に依存しきった社会から、必要最小限のエネルギーでも健康的に暮らせる社会への移行を目指した活動。

トランジション・タウンによって石油などの化石燃料の使用が減れば、気候変動を抑えることができます

市民がお金を出し合って再生可能エネルギーの発電所をつくる

地域通貨を流通させ、自分たちの店をつくって地域経済を変える

目標 14 海の豊かさを守ろう

グローバル資源である海を大切に管理し、汚染から守ることは、持続可能な未来への鍵を握っています。

海洋汚染には、産業排水や生活排水の流入、船舶からの油の流出、廃棄物の投棄など様々な要因があります。なかでも近年、国際的な課題となっているのがプラスチックゴミ。現在、毎年800万トン以上の**廃プラスチック**が海に流入しているといわれており、それらの有害物質が海洋生物を汚染し、やがては魚などを食べる私たち人間の健康を害するといわれています。

海を汚す様々な原因

▨ 廃プラスチック

| 海にプラスチックゴミを投棄する | プラスチックが細かい破片になる | 破片になったプラスチックを魚や鳥が食する | それらを食べた人間にも悪影響をおよぼす可能性 |

▨ 工場や家庭からの排水　　▨ ゴミなどの廃棄物　　▨ タンカーの座礁による原油の流出

地球温暖化にともなう**海洋温暖化**も、海流の変化を起こすことで海洋中の生態系に影響をおよぼし、海洋の酸素欠乏や酸性化も引き起こしているといわれています。また、海では人間による水産物の乱獲が原因で、毎年漁獲量が減ってきています。日本の水産物の輸入金額はアメリカに次いで世界2位、消費量は世界3位です。海の豊かさを守ることは、世界有数の水産物の消費国であるわれわれ日本人にとって大きな課題といえます。

汚染された海を守るために

地球温暖化にともなう海洋温暖化

人間による漁業

人間が出す大量のゴミ

海の汚染によって、生物学的に持続可能な水準範囲にある魚種資源の割合は、90%（1974年）から68.6%（2013年）にまで下がっている

大気や河川から流れ込んだ農薬

☑ 海を守る取り組み

オーシャン・クリーンアップ作戦
海にブイを並べて巨大なV字型のフェンスをつくり、海流に乗ってV字の中央に集まったゴミを定期的に回収する。オランダの高校生ボイヤン・スラットが発案

海のエコラベル
環境と社会に配慮した養殖業を認証する海のエコラベル（ASC認証）。日本では、東日本大震災後に再開された宮城県南三陸町戸倉地区のカキ養殖業が初取得

※出典：The State of World Fisheries and Aquaculture 2016（FAO）

目標 15 陸の豊かさも守ろう

森林破壊や砂漠化、動植物の絶滅から陸の豊かさを守るためには、生物多様性や天然資源の保護が欠かせません。

現在、地球上には陸地面積の30%以上を占める約40億haの森林があります。しかし、世界の天然林面積は2010年から2015年までの間に年間650ha減少している。森林とその周辺の湿地、河川、湖沼などは広範囲にわたる生態系と**生物多様性**を守っています。しかし、森林破壊や**砂漠化**が進むと生態系のシステムが崩壊し、様々な生物の絶滅を招くことになります。

出典：世界森林資源評価（FRA）2015 –世界の森林はどのように変化しているか–（第2版）

陸の自然が生物多様性を守っている

2019 年、国連報告書は今後数十年でおよそ 100 万種の生物が絶滅する恐れがあると警告。また、現在地球上にいる生物の約 25％が脆弱な状態にあるとも報告しました。このまま生物多様性が失われていくと生態系が崩れ、農林水産業や人間の生活にも深刻な影響を与えます。そうならないために、森の木を切ったら植林する、希少な野生動物の売買を禁止するなど、陸上の生態系を保全する取り組みが行なわれています。

出典：人間が自然に与える影響に関する痛烈な報告書／国際連合広報センター公式サイト

絶滅危機にある生物種たち

現在、31,000種
以上の生物が
絶滅の危機にあります
（※IUCN公式サイトより）

41%	34%	33%	30%	27%	25%	14%
両生類	針葉樹など	サンゴ類	サメやエイ	一部の甲殻類	哺乳類	鳥類

絶滅の主な原因

絶えない密漁

生態系を
おびやかす外来種

森林の伐採
（環境破壊）

人間の手に
よる乱獲

目標 16 項目

平和と公正を
すべての人に

平和で公正な社会を実現するためには、平和の確保と、すべての人を守れる法律や政治の仕組みを整える必要があります。

平和と公正は、世界のすべての仕組みの基本を守るものです。平和については、世界では約5億3500万人もの15歳未満の子どもたちが、紛争や災害の影響下で暮らしています。これは世界の子ども人口の約4分の1にあたります。また、途上国には出生登録をされていないため身分が証明できず、適切な教育や医療を受けられない子どもたちが大勢います。さらに世界の58カ国で行なわれた調査では、約17%の子どもたちが体罰を受けたことがあると答えています。

出典：UNICEF「子どもへの暴力防止キャンペーン レポート統計版2014」

公正な社会を求めて世界の問題を知る

本を読んで
世界の問題を
学ぼう

ニュースを観て、
世界で起きている
問題を知ろう

平和で公正な
社会が実現
しないことは
ビジネスリスクでもある
ことを理解しよう

世界の受刑者のうち、約30%の人々が有罪判決なしに拘束されている

出典：国連広報センター「持続可能な
開発目標（SDG5）―事実と数字」

5億3500万人もの15歳未満の子どもたちが、紛争や災害の影響下で暮らしている

出典：国連広報センター
「持続可能な開発目標
（SDG5）―事実と数字」

公正性は社会の仕組みの基本です。公正性なしには社会・環境・経済すべてが成り立ちません。市場も崩壊してしまいます。企業活動の身近な課題としては、**コンプライアンス**の徹底、**情報セキュリティ**、**個人情報保護**の確保、汚職の防止が重要です。このような課題を抱える中で**平和で公正な社会**を実現するためには、全世界が協力して、すべての人を守れる法律や政治の仕組み、公的な制度を整える必要があります。また、公正性の確保面は大きなビジネスリスクを内包する重要課題です。

世界中の子どもたちが問題を抱えている

世界に 7000 万人以上いるといわれる難民の 5 割は 18 歳未満の子ども

出典：UNHCR日本公式サイト「数字で見る難民情勢2018」、UNICEF「子どもへの暴力防止キャンペーン レポート統計版2014」

途上国では出生登録されていない子どもたちも多い

世界の子どもの約 4 分の 1 が紛争や災害地帯に暮らしている

世界 58 カ 国 で 約 17％の 子どもが体罰を受けたことがある

ビジネスリスクと鉱物紛争

ビジネスがグローバル化する中で、各企業はサプライチェーン（供給網）にこのような紛争地域や人権蹂躙（じゅうりん）に関与がないか調べています。アフリカのコンゴ民主共和国などの紛争地域で、環境面でも社会面でも深刻な課題を内包して生産されているレアメタルは「紛争鉱物」として規制がかけられています。

目標 17

パートナーシップで目標を達成しよう

難しい課題を解決するには、国や企業、人などあらゆる関係者が連携して、革新を起こしていく必要があります。

SDGs が掲げる「持続可能な開発」を達成するためには、地球上のあらゆる国や企業、団体、個人などが人間と地球を中心に据えた価値観を共有し、協力し合う必要があります。そして、この目標 17 では、これまでの 16 の目標を達成するための「実施手段の強化」と「**グローバル・パートナーシップ**の活性化」を掲げています。

価値観を共有して協力し合おう

グローバル時代では、経済・社会・環境課題が複雑で相互に関連しています。先進国・途上国を問わず、すべての関係者での協働（パートナーシップ）でイノベーションを起こして新たな解決策を探すことが不可欠です。世界中がともに発展していく方策を目指します。企業には創造性とイノベーションが求められています。日本政府は「Public Private Action for Partnership」、つまり**官民協働**を呼びかけていますが、政府、自治体、企業、団体、大学などの関係者の連携が求められているのです。

相互発展のためのパートナーシップ

先進国

援助します

途上国

助かります

先進国から途上国への援助は、世界全体が地球環境を持続可能なものにし、対等な立場で発展していくために不可欠な取り組みなのです

途上国A

資金などの支援・技術や知識の共有

先進国・国際機関

価値観を共有し合おう

相互発展のために連携しましょう

途上国B

三角協力
先進国または国際機関が、途上国同士の協力を資金・技術・運営方法などで支援することを指す

One point

近年は環境や人権などの課題協議や、社会に価値を生んでいる企業に投資する「ESG投資」（▶P.82）が多くの国で取り組まれている。

利益至上主義の弊害とサプライチェーンの問題点

　企業は利益を追求することを目的としていますが、行き過ぎればモラルに反した行為や違法行為を行なってでも儲けようとする利益至上主義に陥ってしまいます。そうした状態に陥ると、環境を破壊して地球に取り返しのつかないダメージを与えてしまったり、途上国の貧困層を固定化させて新たなマーケットが生まれない状態にしてしまったりと、様々な問題が起こります。利益至上主義を継続することは、企業が自ら墓穴を掘っているようなものなのです。

　また、途上国などにサプライチェーンを持つ企業も、同様の問題を抱えています。例えば、パーム油などをつくるために行なわれる熱帯雨林の違法伐採などの環境問題。カカオ、コーヒー、綿花などの農産物をつくる現場における強制労働や児童労働などです。サプライチェーンを抱える企業は「商品はどこで、誰によってつくられたのか」「労働環境は整っているのか」を把握し、社会的責任を果たす必要があります。

　SDGs では、長期的な視点で見ると、こうした環境や人権の問題を解決しなければ、経済の発展は持続できなくなるだろうと指摘しています。

☑ KEY WORD

グローバル・ジェンダー・ギャップ指数 P.42

ジェンダー・ギャップとは、男女の違いにより生じる格差のこと。ジェンダー・ギャップ指数とは、経済活動や政治への参画度、教育水準、出生率や健康寿命などから算出される、男女格差を示す指標。毎年、世界経済フォーラム（WEF）が公表している。2019 年に WEF が発表した報告書によると、日本の順位は前年の 110 位から下がり、153 ヵ国中 121 位となっている。

☑ KEY WORD

グローバル・タックス P.52

グローバル化した地球社会を一つの国と見なして地球規模で税制を敷くこと。成立に向けて、税金の漏れがないようにすること、グローバルな資産や国境を越える活動に税金をかけ、税収を地球規模の課題の解決に充てる、税金をかけてお金を集め、つかうための仕組みをつくることなどが議論されている。成立すれば、巨額の税収、政策効果、地球社会の運営の民主化などの大きな効果が見込まれている。

☑ KEY WORD

食品ロス P.56

本来食べられるのに廃棄される食品のこと。主な原因は、小売店での売れ残りや賞味期限切れの加工食品、製造過程で発生する規格外の加工食品、飲食店や家庭での食べ残しや食材の余りなどである。食品ロスの削減は世界的な課題となっており、要因の一つとされる商慣習の見直しや賞味期限延長の試み、データを活用した需要予測の導入、容器包装の改善など、削減に向けた取り組みが進みつつある。

☑ KEY WORD

気候変動 P.58

大気の平均状態である気候が様々な要因により、長い年月の間に変動すること。気候変動の要因には自然の要因と人為的な要因があり、自然の要因には大気自体に内在するもののほか、海洋の変動、火山の噴火によるエアロゾル（大気中の微粒子）の増加、太陽活動の変化などがある。一方、人為的な要因には人間活動にともなう二酸化炭素などの温室効果ガスの増加やエアロゾルの増加、森林破壊などがある。

☑ KEY WORD

海洋温暖化 P.61

海洋が二酸化炭素を吸収して温暖化してしまうこと。海洋は、人間活動によって放出された二酸化炭素の約 3 割を吸収し、大気中の二酸化炭素の濃度の上昇を抑えているが、二酸化炭素を吸収することで温暖化する。海水温の上昇により海水が膨張し、海面水位が上昇すると、海水温の分布や海流が変化し、長期間にわたって気候に影響をおよぼすことが世界的な問題となっている。

☑ KEY WORD

生物多様性 P.62

ある生物群系、生態系、または地球上に多様な生物が存在している状態、および進化の過程で多様な遺伝子の全体が過去から未来へと受け継がれている状態を指す概念。近年、海洋の汚染や酸性雨、地球温暖化による気候変動、オゾン層破壊による紫外線の増加、熱帯雨林などの森林伐採や開発などによって、野生生物の種の絶滅が進行しており、生物多様性が失われつつあることが問題視されている。

Chapter

3

SDGs
mirudake notes

企業とSDGsの関係

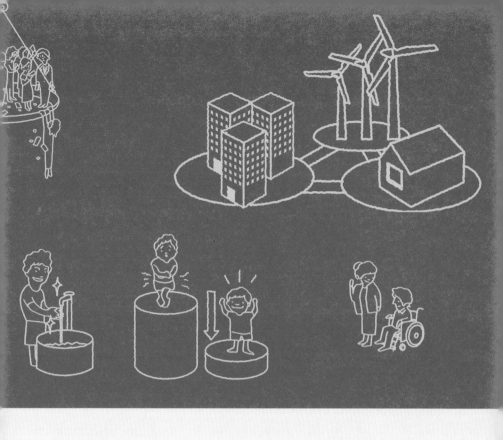

SDGs は企業にとって大きなビジネスチャンスでもあり、一方、リスク管理項目でもあります。SDGs は今後、世界のビジネスパーソンの共通言語として必須の取り組みになると同時に、イノベーションを生み出す機会となります。

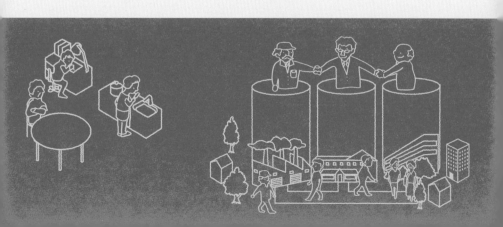

01 企業がSDGsに取り組むメリットは？

これからの企業はSDGsへの取り組みを求められます。そして、大きなビジネスチャンスを見込めるメリットもあります。

SDGsに興味を持つ経営者が増えています。これはビジネスを展開するうえでSDGsに魅力があるからです。新規事業を開発しない、または既存事業を発展させない企業は、株主から縮小企業と見られてしまう危険性がありますが、事業を展開するうえでSDGsが大きなヒントを与えてくれます。海外とビジネスをするうえでも、SDGsに取り組むと相互理解が進むという利点があります。

SDGsに興味を持つ経営者が増えている理由

SDGsは世界を豊かにすることを目指すものなので、SDGsに関連したビジネスを行なう企業は社会から大きな支持を得られます。反対に、**環境問題**や**社会問題**に配慮していない態度を取ったため、ネットで炎上などを起こし、消費者から支持を得られなくなった企業もあります。SDGsに取り組まないと、時代に取り残されてしまう危険性があると考えたほうがいいでしょう。

企業がSDGsに取り組む意義

73

02 SDGs の経済効果

SDGs を活用してビジネスに取り組むことで、大きな経済価値と新しい雇用が創出されると考えられています。

世界経済フォーラムの諮問機関である「**ビジネスと持続可能な開発委員会**」は SDGs についてのレポート「より良きビジネス、より良き世界」を 2017 年に発表しました。そのレポートは世界の経営者たちが集まって調査したもので、SDGs 関連の分野で年間 12 兆ドルの経済価値と最大 3 億 8000 万人の新規雇用の創出が見込まれるとされています。

SDGs でビジネスチャンスを掘り起こせる

この製品はSDGsに配慮しています

ビジネスと持続可能な開発委員会

調査の結果、SDGs 関連のビジネスは年間で 12 兆ドルの価値を生む見込みがあることがわかりました。

やったー。仕事だ!

経済価値の創出

世界経済フォーラムの諮問機関の「ビジネスと持続可能な開発委員会」は、2017 年に「より良きビジネス、より良き世界」という SDGs についてのレポートを発表しました。

SDGs 関連のビジネスによって、最大 3 億 8000 万人の雇用を創出できると試算されています。

ビジネスと持続可能な開発委員会は、特に4つの分野において大きなビジネスチャンスがあると考えています。その4分野とは、「食料と農業」「都市」「エネルギーと材料」「健康と福祉」です。4分野のビジネスのなかでも、**「モビリティシステム」「新しい医療ソリューション」「エネルギー効率」**は、2030年における市場機会の価値が高いだろうと予想されています。 出典：ビジネスと持続可能な開発委員会「より良きビジネス、より良き世界」

SDGsで価値が上がる市場は？

2030年における
市場機会の価値が上がると
思われる市場ベスト3は、
1位「モビリティシステム」
2位「新しい医療ソリューション」
3位「エネルギー効率」
です。
（「より良きビジネス、
より良き世界」より）

モビリティシステム

自動走行の自動車などの開発。 物流の分野での自動化、 交通事故の削減、 移動弱者の減少などが期待できます。

新しい医療ソリューション

医療分野にIT技術を導入。 カルテの電子化、 医療現場でのAI活用、 質の向上した在宅診療などを行ないます。

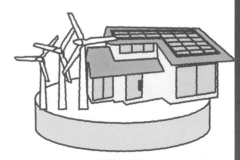

エネルギー効率

エネルギー効率の改善に取り組む事業。 環境に対する負荷を少なくすることを目指します。

03 ステークホルダーと SDGs

投資家・取引先・消費者は今後 SDGs を重視するようになるので、企業は自社の取り組みを発信する必要があります。

SDGs に取り組んだ企業は、そうした情報を発信する必要があります。世界的に株主や顧客は SDGs への取り組みを重視するようになっているので、取り組みを発信して株主や顧客をはじめとした**ステークホルダー**に知らせる必要があるのです。政府や自治体も SDGs に強い関心を持っているので、関連機関に向けて自社の取り組みを発信することも重要です。

取り組みは社会に発信しなければ意味がない

投資家・株主

企業に資金を提供する投資家、株主は SDGs への取り組みを重視する傾向が高まっている。

我が社は SDGs に取り組んでいます!

主な発信方法

1. 経営戦略、中長期戦略：自社が進む方向性に SDGs をリンクさせる。
2. 商品、サービス：商品やサービスは SDGs に貢献させる。
3. プロモーション、キャンペーン：SDGs への関与を促すプロモーションなどを行なう。
4. 各種認証ラベル：「国際フェアトレード認証ラベル」に代表される認証ラベルを活用する。

取り組みを社会に発信する方法としては、主に以下の４つのものがあります。１つ目は、SDGsへの取り組みを取り込んだ経営戦略。２つ目はSDGsに貢献する商品やサービス。３つ目はSDGsに関連したプロモーションやキャンペーン。４つ目は第三者機関による**認証ラベル**の活用。これら４つを組み合わせながら、自社の取り組みをステークホルダーにきちんと伝えるようにします。

顧客・消費者

この会社、SDGsに取り組んでたよな

環境問題やジェンダー平等などの社会問題への意識が高まっているため、消費者はSDGsに取り組んでいる会社の商品を選ぶようになっている。

政府・自治体

NPO

一緒にやりましょう

政府、自治体もSDGsに取り組んでいるほか、NPOもSDGsに関心を持っているので、SDGsに取り組んでいる企業のほうが協働、連携をしやすくなる。

従業員

ウチの会社、SDGsに取り組んでるんだ

One point

ステークホルダーとは、企業などの組織と直接的または間接的に利害関係を持つ者のこと。企業においては、株主、取引先、消費者、従業員、行政機関、金融機関、メディアなどを指す。

自分の勤めている会社がSDGsに取り組んでいると、従業員は会社に対して誇りを持つようになる。

参照：電通「SDGs Communication Guide」

04 企業の社会的責任とは？

SDGs と似た概念に CSR、TBL、CSV があります。これらには、どのような類似点と違いがあるのでしょうか？

以前から、企業の社会的責任を重視する考えはありました。関連する概念として、1997 年にジョン・エルキントンが提唱した **TBL**（トリプルボトムライン）は企業を財務面だけでなく、社会、環境の面からも評価する考え方です。次いで 21 世紀に入り、定義はないものの、よくつかわれ始めたのが **CSR**。CSR（Corporate Social Responsibility）は「企業の社会的責任」と訳され、日本では 2003 年からつかわれ始めました。これは企業が社会との接点を構築していく活動です。2010 年には CSR の世界的なガイダンス規格である **ISO26000**（国際標準化機構 International Organization for Standardization）が策定。これが CSR についても本業を基本とする定義を示しました。

SDGs と CSR ／ CSV の関係

ISO26000 ができたことによって、CSR の定義は慈善活動や社会貢献活動（フィランソロピー）ではなく、「本業の CSR」を基本とすべきであるという考え方に変わりました。その理由は、①フィランソロピーでは収益に影響されて継続性がない、②フィランソロピーを社会的責任の隠れみのにしてはいけない、③本業をつかうと社会にイノベーションをもたらす、の 3 点です。

ISO26000（国際規格）

CSR の 定 義 と To Do リストを明示。SDGs でも活用を推奨。

One point

CSR は、ISO26000 ができるまでは企業が本業とは別に慈善活動的にボランティア活動などを行ない、社会に貢献することという理解が強かった。

ジョン・エルキントン

「Triple Bottom Line」の略。「ボトムライン」とは企業の最終的な収益の意で、トリプルボトムラインとはその財務に加えて、社会、環境の側面から企業を評価する考え。1997 年にイギリスの起業家で作家のジョン・エルキントンが提唱。

CSRとTBLとの関連で、企業と社会に関する概念としては**CSV**（Creating Shared Value）もあります。経済学者のマイケル・ポーターたちが2011年に提唱したもので、日本語に訳すと「共通価値の創造」という意味です。企業が経済効果と社会的価値の創出を同時に目指すものです。これらの概念を知ることは、SDGsを考えるうえで重要です。特にSDGsではCSRに対応しつつ、企業による価値創造を重要視しているので、CSVの実践としてつかえるものです。

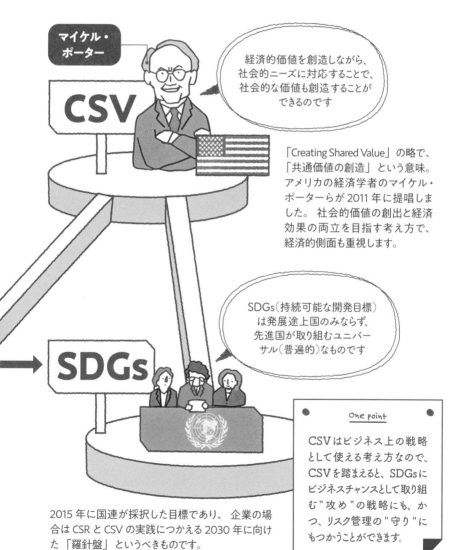

マイケル・ポーター

経済的価値を創造しながら、社会的ニーズに対応することで、社会的な価値も創造することができるのです

CSV

「Creating Shared Value」の略で、「共通価値の創造」という意味。アメリカの経済学者のマイケル・ポーターらが2011年に提唱しました。社会的価値の創出と経済効果の両立を目指す考え方で、経済的側面も重視します。

SDGs（持続可能な開発目標）は発展途上国のみならず、先進国が取り組むユニバーサル（普遍的）なものです

SDGs

One point

CSVはビジネス上の戦略として使える考え方なので、CSVを踏まえると、SDGsにビジネスチャンスとして取り組む"攻め"の戦略にも、かつ、リスク管理の"守り"にもつかうことができます。

2015年に国連が採択した目標であり、企業の場合はCSRとCSVの実践につかえる2030年に向けた「羅針盤」というべきものです。

05 SDGs がもたらす ビジネスチャンス

ビジネスでもメリットのある SDGs ですが、なかでも 4 つの分野の 60 の領域には大きなビジネスチャンスがあるようです。

74 〜 75 ページで紹介したとおり、世界経済フォーラムの諮問機関のビジネスと持続可能な開発委員会は、「食料と農業」「都市」「エネルギーと材料」「健康と福祉」の分野において大きな**経済価値の創出**が見込めると発表しています。さらに、ビジネスと持続可能な開発委員会はその 4 分野の中の 60 の領域にビジネスチャンスがあると推測しています。

ビジネスチャンスが見込める 60 の領域

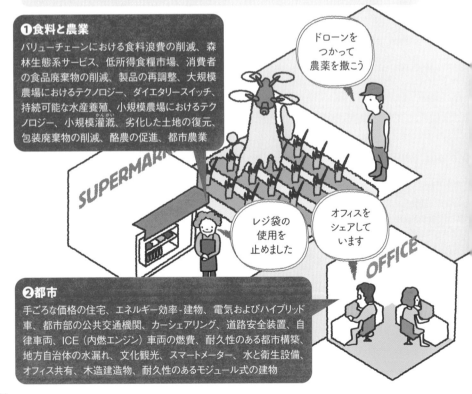

❶食料と農業
バリューチェーンにおける食料浪費の削減、森林生態系サービス、低所得食糧市場、消費者の食品廃棄物の削減、製品の再調整、大規模農場におけるテクノロジー、ダイエタリースイッチ、持続可能な水産養殖、小規模農場におけるテクノロジー、小規模灌漑、劣化した土地の復元、包装廃棄物の削減、酪農の促進、都市農業

ドローンをつかって農薬を撒こう

レジ袋の使用を止めました

オフィスをシェアしています

❷都市
手ごろな価格の住宅、エネルギー効率-建物、電気およびハイブリッド車、都市部の公共交通機関、カーシェアリング、道路安全装置、自律車両、ICE（内燃エンジン）車両の燃費、耐久性のある都市構築、地方自治体の水漏れ、文化観光、スマートメーター、水と衛生設備、オフィス共有、木造建造物、耐久性のあるモジュール式の建物

「食料と農業」ではITなどのテクノロジーを活用した農業、「都市」ではエネルギー効率のいい建造物、「エネルギーと材料」では再生可能なエネルギー、「健康と福祉」では医療施設から離れた場所にいる患者のモニタリングシステムなどが挙げられます。自社がこれらの60の領域でのビジネスにつなげうるかどうかは競争戦略に関わり、投資家も注目しています。

牛乳の紙パックをトイレットペーパーにリサイクル

水力発電は再生可能エネルギーです

❸エネルギーと材料

サーキュラーモデル-自動車、再生可能エネルギーの拡大、循環モデル-装置、循環モデル-エレクトロニクス、エネルギー効率-非エネルギー集約型産業、エネルギー保存システム、資源回復、最終用途スチール効率、エネルギー効率-エネルギー集約型産業、炭素捕捉および格納、エネルギーアクセス、環境にやさしい化学物質、添加剤製造、抽出物現地調達、共有インフラ、鉱山復旧

HOSPITAL

IT技術によって遠隔医療を行ないます

家で治療が受けられるのか

❹健康と福祉

リスク・プーリング、遠隔患者モニタリング、遠隔治療、最先端ゲノミクス、業務サービス、偽造医薬品の検知、たばこ管理、体重管理プログラム、改善された疾病管理、電子医療カルテ、改善された母体・子どもの健康、健康管理トレーニング、低コスト手術

06 ESG 投資って何？

金融危機を経て、投資家たちが環境問題や社会問題なども念頭に入れながら投資を行なう流れが加速しています。

投資の世界において、投資先を選ぶ際に企業が環境、社会、企業統治に配慮しているかどうかも重視する投資を、**ESG投資**と呼びます。当然、企業の財務情報もチェックしますが、「企業統治をしっかり行ない、環境問題や社会問題に取り組んでいるか」という非財務情報も検討のための材料にするのです。ESG投資をする投資家は企業のSDGsに対する取り組みを重視するので、SDGsを促進する効果があります。

「ESG」を考慮した 投資方法

ESG投資では、企業が環境、社会、企業統治の3つの要素に配慮しているかを重視します。

再生可能なエネルギーを使用しているか、二酸化炭素の排出量を削減しているかなど、環境に配慮しているかどうか。

社会
Social

労働環境を改善しているか、女性の活躍を推進しているか、地域活動に貢献しているかなど、社会に貢献しているかどうか。

取締役会での決定の仕方、法令を遵守しているか、情報開示に積極的か、不祥事を防ぐ仕組みなど、的確な経営を行なっているかどうか。

ESG投資に似たものとして、かつてはSRI（社会的責任投資）がありました。78〜79ページで紹介したCSR（企業の社会的責任）に着目して投資先を選ぶ方法です。これは企業の非財務情報を重視するネガティブ・スクリーニング的な要素が強くありました。一方のESG投資は、ESGを考慮することが長期的に見てリターンにつながるかどうかを投資行動の中に入れ込んで企業に積極的に働きかけたりします

ESG投資は、投資の世界で大きなムーブメントとなりつつあります。その背景として2008年の金融危機「**リーマン・ショック**」に対する反省があります。短期志向での投資が金融危機を引き起こしたと考えられたことから、投資家はESG投資に力を入れるようになったのです。投資を決める際にはESGに配慮すべきという**責任投資原則（PRI）**も2006年に国連から発表されていましたが、リーマン・ショック以降、急速にこれが進展しました。

ESG投資が注目された背景

終わった…

2008年にアメリカの証券会社リーマン・ブラザーズの経営が破綻したことから発生した世界規模の金融危機「リーマン・ショック」。この反省から、もっと長期的かつ持続的な投資をしないといけないという流れに世界的にシフトし、ESG投資が注目されるように。

2006年、当時の国連事務総長コフィー・アナンが投資家たちに対して、投資対象を選ぶ際にESGを重視するよう求める「責任投資原則(PRI)」を発表。2018年の時点で全世界の2232の機関が署名し、ESG投資を後押ししている。

そうしよう

ESGを取り込みましょう

コフィー・アナン 国連事務総長

PRIの6つの原則
❶私たちは、投資分析と意思決定のプロセスにESG課題を組み込みます。
❷私たちは、活動的な（株式の）所有者となり、所有方針と所有習慣にESG課題を組み入れます。
❸私たちは、投資対象の企業に対してESG課題についての適切な開示を求めます。
❹私たちは、資産運用業界において本原則が受け入れられ、実行に移されるように働きかけを行ないます。
❺私たちは、本原則を実行する際の効果を高めるために、協働します。
❻私たちは、本原則の実行に関する活動状況や進捗状況に関して報告します。

07 ESG投資の7つの手法

ESG投資では、7つの手法を活用することにより、より大きなリターンを獲得することができるようになります。

市場平均より大きな収益を狙うESG投資では、そのために7つの手法を活用します。1つ目は、武器、ギャンブルなどに関連した企業を除外する「**ネガティブ・スクリーニング**」。2つ目は、ESGに積極的な企業に投資する「**ポジティブ・スクリーニング**」。3つ目は、ESGにおいて国際的な規範への対応が不十分な企業を除外する「**規範に基づくスクリーニング**」です。

高いリターンを目指すための7つの手法

ネガティブ・スクリーニング

武器、ギャンブル、たばこ、化石燃料、原子力などに関連した事業を行なう企業には投資しない。

ポジティブ・スクリーニング

電気自動車事業

ESGで評価の高い企業は将来的に成長すると考えて投資する。

規範に基づくスクリーニング

この企業は環境破壊をしている…

ESG分野での国際的な規範とは、例えば「国連グローバル・コンパクト」（UNGC）やSDGsが挙げられます

ESG分野での国際的な規範への対応が不十分な企業には投資しない。

4つ目はESG情報も含め投資先を分析する「**ESG インテグレーション**」。5つ目はクリーンエネルギーなどに投資する「**サステナビリティテーマ投資**」。6つ目は社会問題、環境問題に取り組む企業に投資する「**インパクト投資**」と社会的弱者の問題に取り組む企業に投資する「**コミュニティ投資**」。7つ目は株主として積極的に企業に働きかける「**エンゲージメント・議決権行使**」となります。

ESGインテグレーション

財務面はそこそこでもESGの面で評価できるな

企業の財務情報だけでなく、ESGの情報も含めて投資先を分析する。

サステナビリティ・テーマ投資

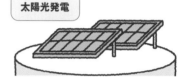

太陽光発電

クリーンエネルギーなど、持続可能性と関連のある事業に投資する。

インパクト投資／コミュニティ投資

この会社はジェンダー平等を実現しているな

社会・環境問題を解決する企業、社会的弱者の問題に取り組む企業に投資する。

エンゲージメント・議決権行使

もっとESGを意識してください

株主総会での議決権行使、情報開示要求などでESGへの取り組みを投資先に求める。

ここで紹介した7つの手法のうち、ネガティブ・スクリーニングとESGインテグレーションが主につかわれています。反対にサステナビリティテーマ投資とインパクト投資／コミュニティ投資は今のところあまりつかわれていません

ESG投資が変える
地球の未来

　ESGとは、環境（Environment）、社会（Social）、企業統治（Governance）の頭文字を取った言葉です。ESG投資とは、従来の財務情報だけでなく、それらの要素も考慮した投資のことを指します。このESG投資は、2006年に国連のコフィー・アナン元事務総長が責任投資原則（PRI）を提唱したことをきっかけに世界的に広がるようになりました。

　ESG投資に流入する資金が増えれば、企業は投資家から投資をしてもらうために環境や人権などの課題に取り組み、社会に価値を生む会社に変わる努力をします。例えば、地球温暖化対策に取り組んだり、女性社員が活躍できる職場づくりを進めたりしていきます。そうした企業の努力は環境保護や人権保護につながり、世の中をよい方向に向けていきます。その恩恵は一般市民にも広がり、SDGsの達成に直結するのです。

　また、日本に目を向けてみると、日本企業が積極的にESGに取り組むようになれば、国際的評価が高まり、日本株の魅力の向上につながるかもしれません。地球の未来のことを考えたとき、環境、社会、経済に様々な好循環を生むESG投資は、もはや必須のものといえるでしょう。特に、ESG投資でのE・S・Gの各項目のチェックにあたり、企業のSDGsに対する取り組みを判断材料にしますので、SDGsは株価対策としても重要になりました。

☑ KEY WORD

世界経済フォーラム　P.74

グローバルかつ地域的な経済問題に取り組むために、政治、経済、学術等の各分野における指導者層の交流促進を目的とした独立・非営利団体。1971年、経済学者クラウス・シュワブが設立。毎年1月下旬頃にスイスのダボスで開催される年次総会（通称・ダボス会議）には、約2500人の選ばれた知識人やジャーナリスト、多国籍企業経営者や国際的な政治指導者などが集まる。

☑ KEY WORD

モビリティシステム　P.75

モビリティとは、ITの分野では、情報機器や通信サービス、情報システムなどが移動中や外出先で利用できることや、その度合いの高さを意味する場合が多く、モビリティシステムとはその体系を指す。現在、日本でも自動走行の自動車や小型無人機も含めた様々な用途のICTシステムの、高精度かつ安全な制御を可能とする共通的なICTプラットフォーム技術などの確立が進められている。

☑ KEY WORD

ISO26000　P.78

CSRのガイダンス規格。これによると、CSRとは組織の決定や活動が、社会や環境におよぼす影響に対し、次のように透明で倫理的な行動を通じて組織が担う責任としている。「健康や社会の繁栄を含む持続可能な発展への貢献」「ステークホルダーの期待への配慮」「関連法令の遵守および国際行動規範の尊重」「組織全体に統合され、組織の関係の中で実践される行動」。つまり、本業のCSRを重視している。

☑ KEY WORD

マイケル・ポーター　P.79

ハーバード大学経営大学院教授で、経営戦略研究の第一人者。バリューチェーンやファイブフォース分析など、数多くの競争戦略手法を提唱し、ハーバード大学の教授陣とともに戦略コンサルティング会社モニター・グループ（現モニターデロイト）を設立している。代表的な著書である『競争の戦略』は、経営戦略論の古典として今日でも多くの経営者のバイブルとなっている。

☑ KEY WORD

バリューチェーン　P.80

企業活動における業務の流れを機能単位に分割してとらえ、業務の効率化や競争力強化を目指す経営戦略の考え方。日本では直訳で「価値連鎖」と呼ぶことも。分割した業務機能を精査することで、どの業務に力を注ぎ、どこを外注するべきかといった経営判断がしやすくなるという利点がある。また、早急に解決しなければならない課題の洗い出しや競争優位性を高める差別化戦略が構築しやすくなる。

☑ KEY WORD

スクリーニング　P.84

株式投資の銘柄選択の際、ある基準を用いて銘柄群を選び替え、選出すること。例えば、割安で安全な株を選びたい場合は、PER（株価収益率）やPBR（株価純資産倍率）などの割安さを測る指標と、株主資本比率など安全性を測る指標の組み合わせで株を選出する。現在では、ネットで簡単に様々な指標を選んでスクリーニングが可能。自分の投資スタンスに合った銘柄を選出することができる。

Chapter

4

SDGs
mirudake notes

「SDGsビジネス」
のつくり方

さて、いよいよ SDGs をビジネスに応用するための具体的な取り組み方を見ていきます。SDGs は地球上のあらゆる問題と関わりあうため、様々な角度から新事業へつなげていくことができます。また、これまで各企業で行なってきた CSR 体系をつかい、CSV として進めることがポイントです。

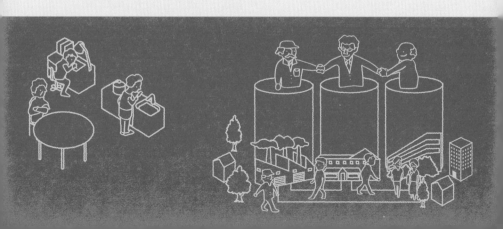

01 SDG コンパスって何？

SDGs 導入の際の指針となる「SDG コンパス」。5つのステップで考えることで、何をすべきかが具体的に見えてきます。

SDGs に社会的な意義やビジネス上のメリットがあることがわかっても、いざ取り組もうとすると、どのように事業や経営戦略に導入すればいいのかわからないという企業も少なくありません。そういうときにつかえるツールが**「SDG コンパス」**です。**国連グローバル・コンパクトなどの 3 団体が、SDGs にどのような手順で取り組んだらいいかを5つのステップで示した行動指針**です。

SDG コンパスの 5 ステップ

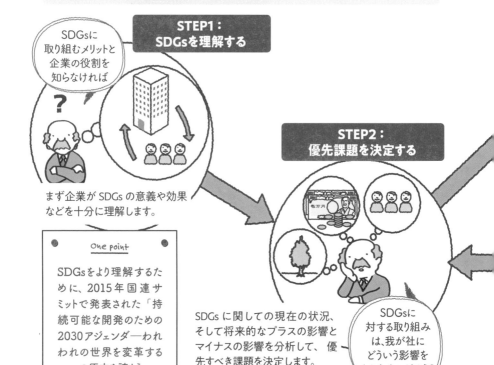

SDGsに取り組むメリットと企業の役割を知らなければ

STEP1：SDGsを理解する

まず企業が SDGs の意義や効果などを十分に理解します。

STEP2：優先課題を決定する

One point

SDGsをより理解するために、2015 年国連サミットで発表された「持続可能な開発のための2030アジェンダ─われわれの世界を変革する─」の原文を読もう。

SDGs に関しての現在の状況、そして将来的なプラスの影響とマイナスの影響を分析して、優先すべき課題を決定します。

SDGsに対する取り組みは、我が社にどういう影響をもたらすのだろう？

SDG コンパスは、もともとグローバル企業向けに作成されたものですが、中小企業やその他の組織でも活用できます。また、企業全体の事業や戦略だけでなく、個々の製品や部門レベルなどでも応用できるので、とても汎用性の高いツールです。5つのステップを具体化していくことで、自社でSDGsを活用するための道筋がより明確になってきます。

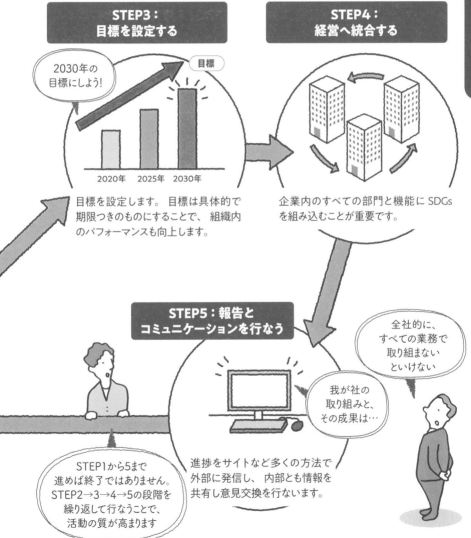

STEP3：目標を設定する

2030年の目標にしよう!

目標

2020年　2025年　2030年

目標を設定します。目標は具体的で期限つきのものにすることで、組織内のパフォーマンスも向上します。

STEP4：経営へ統合する

企業内のすべての部門と機能に SDGs を組み込むことが重要です。

STEP5：報告とコミュニケーションを行なう

全社的に、すべての業務で取り組まないといけない

我が社の取り組みと、その成果は…

STEP1から5まで進めば終了ではありません。STEP2→3→4→5の段階を繰り返して行なうことで、活動の質が高まります

進捗をサイトなど多くの方法で外部に発信し、内部とも情報を共有し意見交換を行ないます。

02

SDG コンパス　ステップ1
SDGs を理解する

「SDGs とは何か」を知ることで、SDGs がもたらす機会とリスクを含めた企業の役割が見えてきます。

5 つのステップのうち、最初のステップは「**SDGs を理解する**」です。まずは、SDGs がどういった背景から策定されたのか、なぜ企業は SDGs に取り組まなければならないのかを理解しましょう。そのうえで、企業活動による負の影響を減らしつつ、どうすれば自分たちにとってメリットのある形で活用できるかを考えることが重要です。

SDGs の導入で企業が得られる効果は？

SDGsは
宝の山だ！

この会社で
働きたいな！

効果❶

将来のビジネスチャンスが見極められる

SDGs に取り組むことは、社会のニーズに応えることにつながります。SDGs に貢献するビジネスを考えることは、新しいビジネスチャンスのある市場の開拓に結びつくのです。80ページで紹介したとおり、60 の領域に大きな可能性があると見られています。

効果❷

企業の持続可能性に関する価値の向上

SDGs に取り組むことにより、企業価値が上がります。結果、環境や人権に対して意識の高い若い世代の人材をより確保しやすくなります。また、従業員が自社に誇りを持って働けるので、労働意欲や生産性が向上します。環境や人権に対して意識の高い消費者からの支持も得られます。

SDGs が掲げる目標は、全世界の国々が一丸となって達成しなければなりません。そこでは各企業も SDGs に取り組むことが期待されています。自主的取り組みですが、**世界中の企業が SDGs に貢献するビジネスモデルをどれだけ迅速に構築できるか**が、目標の達成に大きく関わってきます。SDGs について理解することは、企業がビジネス戦略を構築していくことにもつながるのです。

共通言語でパートナーシップ強化

効果❸

関わる人たちと信頼関係が築ける

SDGs に取り組むことで、顧客や従業員、行政、地域住民などのステークホルダー（利害関係者）との関係がよくなります。信頼関係が強化され、自社の企業活動が社会的により認められやすくなります。

SDGsに熱心な会社なら安心だ

お金に余裕ができたから安定した新規ビジネスを育てよう

効果❹

社会と市場が安定する

SDGs によって世界中の市場が拡大されます。公正なルールの遵守やジェンダー格差の解消と女性の地位向上によって新たな成長市場も生まれます。

効果❺

共通言語の使用と目的の共有

SDGs は社会全体で目標達成を目指すものなので、政府や市民団体、ほかの企業などと課題や目標を共有することで連携を強化できます。

03

SDG コンパス　ステップ2
優先課題を決定する

SDGs における優先課題を決めるために、自社が SDGs に与えるプラスとマイナスの影響のどちらも把握します。

SDGs には全部で 17 の目標がありますが、企業によってそれぞれの目標の重要度は違うため、目標ごとに自社の貢献度やリスクを把握する必要があります。自社の活動全般を**バリューチェーン**（企業の業務の流れを機能単位に分割したもの）に落とし込み、プラスとマイナスの影響を評価することで、自社にとって最大の効果が期待できる領域を絞り込むことができます。

バリューチェーンとロジックモデル

バリューチェーン・マッピングの例

「バリューチェーン」とは原材料の調達から製品・サービスが顧客に届くまでの業務の流れを機能単位に分割する考え方。ここでは事業ごとの SDGs に対するプラスとマイナスの影響を分析します。

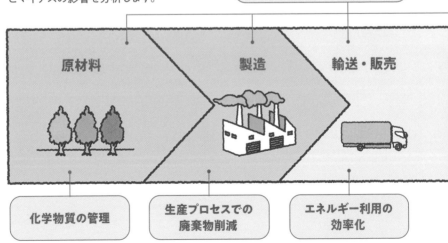

バリューチェーンを支える基盤
（働きがいのある職場づくり、
コンプライアンスなど）

原材料　　　製造　　　輸送・販売

化学物質の管理　　　生産プロセスでの廃棄物削減　　　エネルギー利用の効率化

バリューチェーンを分析することで、どの領域でSDGsの取り組みに力を入れるべきかが見えてきます。その上で、**ロジックモデル**と呼ばれるフレームワークを活用して、企業がSDGsに与える影響のデータを収集します。こうした指標をもとに企業のSDGsに対する影響を把握し、**企業のコストやリスクも考えながらSDGs全体に対する自社の優先課題を決定します。**

ロジックモデルの例

ロジックモデルは、企業の活動の達成度を把握するために使用します。

投入	活動	産出	結果	影響
投入資源のうち、SDGsに影響を与える可能性があるのは何か。例：浄水錠剤の研究開発費、製造費。	どのような活動がなされるか。例：浄水錠剤の販売。	その活動で何が生み出されるか。例：浄水錠剤の販売数、消費者の情報。	対象とする人々にどのような変化がもたらされるか。例：浄水錠剤で浄化された水の使用量。	その結果がもたらす変化は何か。例：浄水錠剤の販売前と比べて感染症が低下した割合。

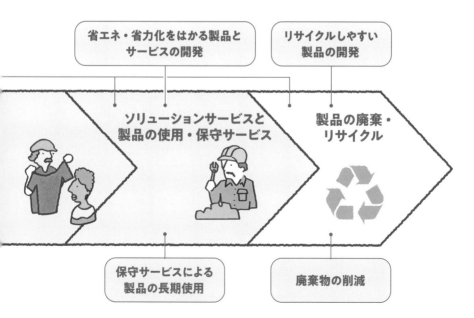

SDG コンパス　ステップ3

目標を設定する

ステップ2の結果を踏まえて目標を設定します。意欲的な目標を設定することでパフォーマンスの向上にもつながります。

優先課題の達成度を高めるためには、具体的かつ期限つきの目標を決める必要があります。 この目標は4つのプロセスを経て設定します。1つ目のプロセスは、「目標範囲を設定し、**KPI** を選択する」。2つ目のプロセスは「ベースラインを設定し、目標タイプを選択する」。3つ目のプロセスは「意欲度を設定する」。4つ目のプロセスは「SDGs への**コミットメント**を公表する」です。

4つのプロセスで目標を設定する

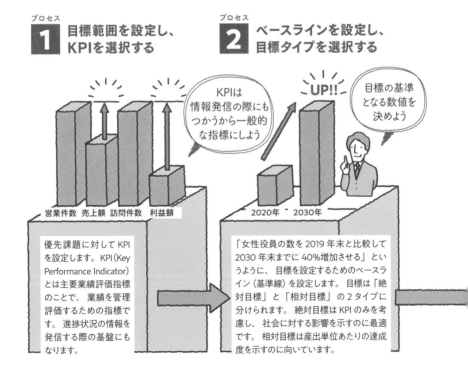

プロセス 1　目標範囲を設定し、KPIを選択する

営業件数　売上額　訪問件数　利益額

KPIは情報発信の際にもつかうから一般的な指標にしよう

優先課題に対して KPIを設定します。KPI（Key Performance Indicator）とは主要業績評価指標のことで、業績を管理評価するための指標です。進捗状況の情報を発信する際の基盤にもなります。

プロセス 2　ベースラインを設定し、目標タイプを選択する

UP!!

目標の基準となる数値を決めよう

2020年　2030年

「女性役員の数を2019年末と比較して2030年末までに40%増加させる」というように、目標を設定するためのベースライン（基準線）を設定します。目標は「絶対目標」と「相対目標」の2タイプに分けられます。絶対目標はKPIのみを考慮し、社会に対する影響を示すのに最適です。相対目標は産出単位あたりの達成度を示すのに向いています。

ここでの目標は、94〜95ページで説明したステップ2の影響評価と優先課題を踏まえたものになります。企業の活動のSDGsに対するプラスとマイナスの両方の影響を把握しましたが、目標はマイナスを最小化したり、プラスを最大化するものにします。こうした目標を組織全体で共有することで、組織全体のパフォーマンスも向上します。

アウトサイド・イン・アプローチ

自社を中心にした企業基点の考え方（インサイド・アウト・アプローチ）では世界的な問題に対応できないと考えられています。SDGsに取り組む際は、世界的、社会的な視点から考える「アウトサイド・イン・アプローチ」で意欲的な目標を設定するほうが適しています。事業目標は、社会のニーズや科学的な外部データに基づいて決めることも重要です。

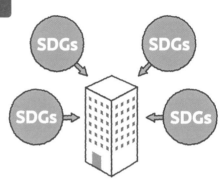

プロセス **3** 意欲度を設定する

プロセス **4** SDGsへのコミットメントを公表する

達成が難しい目標にしよう！

GOAL

現在

我が社のSDGsに関する目標を発表します！

控えめな目標よりも意欲的な目標のほうが、イノベーションや創造性を促進できます。目標達成までの期限を長くすれば、より大きな目標を設定することができます。

設定した（コミットメントした）目標の一部または全部を公表します。目標を達成できなかった場合は批判される可能性もあるので、そのリスクは考慮すべきでしょう。

05目

SDG コンパス　ステップ4
経営へ統合する

目標達成のため、トップがリーダーシップを発揮して全社的に
SDGs に取り組み、社内の責任体制も整えます。

ステップ3で設定した目標を達成するためには、それを中長期目標や、企業の
各事業、各部門に組み込んでいくことになります。そのためには、各部門や従
業員一人ひとりが、何のためにSDGsに取り組むのか、目標達成のために何を
すべきかを理解し、組織内で目標を定着させる必要があります。企業のビジョ
ンや目的を明文化するのも効果的です。

組織にSDGsの目標を落とし込む

事例
その年度の企業経営課題
KPI:SDGsの目標12に貢献

・製品中の有害化学物質を段階的に縮小し、4年後までに全廃。
・本年度中にすべての有害化学物質の存在を洗い出し、可能な
　ところから使用を停止。代替物質を用意する。

化学物質を扱う企業の例です。 少ない資
源で良質でより多くのものを生産する形態を
目指す、 目標12 「つくる責任 つかう責任」
に貢献するため、 経営課題を検討します。
なお、 ここで言う 「有害化学物質」 は内
外の専門家の意見により指定したもので、
法律で禁止されていないものも含みます。

企業全体でSDGsに取り組むためには、経営陣の積極的な**リーダーシップ**が欠かせません。SDGsを組織に定着させるために、SDGsが企業の価値を高めるという**コンセンサスを社内で形成**しましょう。部門横断的な委員会やプロジェクトチームをつくっている企業も少なくありません。また、目標達成に貢献した部門や個人の評価に反映することも、目標を組織に定着させるのに役立ちます。

各部門への権限委任項目

研究開発部門

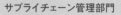
サプライチェーン管理部門

製品につかわれていることが明らかになった有害化学物質の代替物質を当年度中に見つけ出します。

仕入れた製品・部品につかわれている有害化学物質をすべて洗い出し、 可能なものは当年度中に使用を禁止します。

個別のターゲット

各担当者への権限委任項目

研究開発技術者

担当する製品・部品に使用されていることが明らかになった有害化学物質の代替物質を当年度中に見つけ出します。

部品仕入れ担当者

すべての仕入れ先について当年度中に有害化学物質に関する仕入れ方針を徹底します。

06

SDG コンパス　ステップ5

報告とコミュニケーションを行なう

目標を達成するために重要なのが、進捗状況を内外に報告することです。的格な報告は企業にメリットをもたらします。

企業がSDGsに取り組む中で重要になるのが、**進捗状況や成果を内外に報告すること**です。どの程度、目標が達成できたかという情報をきちんと発信することで、消費者や投資家、関係者の企業に対する信頼感が高まります。こうした情報発信は、社内のSDGsに取り組むモチベーションや社会的な評価の向上、投資を呼び込む戦略的なツールにもなります。

報告で扱うべき7つのチェックリスト

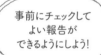

事前にチェックして
よい報告が
できるようにしよう！

リスト

☐ 人もしくは環境に対する自社の製品、サービス、投資がもたらす著しい影響。

☐ それらの影響を分析した結果が、優先的なSDGsターゲットの特定にどういった影響を与えたか。

☐ ステークホルダーからのフィードバックが、結論を出すうえでどういった影響を与えたか。

☐ 優先的なSDGsターゲットに貢献するための目標と測定（指標）を含む戦略。

☐ 自社が実際に引き起こした、あるいは助長した負の影響の事例や、人権侵害を受けた人々の効果的な救済のために自社が取った行動。

☐ 優先的なSDGsターゲットに貢献するという目標に向けて、いかに自社が進展と後退をしたかを示す指標とデータ。

☐ 将来さらに進展するための計画。

出典：GRI、UNGC「SDGsを企業報告に統合するための実践ガイド」

効果的な報告をするためには、**「4つのC」を踏まえるのがポイントです**。4つのCとは「Concise（簡潔）」「Consistent（一貫性）」「Current（現在）」「Comparable（比較可能）」です。また、報告で扱う内容は、「人もしくは環境に対する自社の製品、サービス、投資がもたらす著しい影響」などの7つのチェックリストを参考にするといいでしょう。

4つのCとは…？

Concise　簡潔

我が社は○○します！

わかりやすい！

乱雑さと情報過多を避けて簡潔に。優先的に取り組むべき、最も重要な情報に焦点をあてるようにします。

Consistent　一貫性

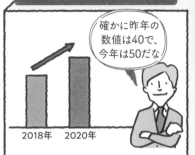

確かに昨年の数値は40で、今年は50だな

2018年　2020年

報告は一貫性のあるものにします。一貫性があると取り組みの過去から現在までの傾向を評価することが可能です。

Current　現在

過去　現在

今はそうなっているんだね！

現在の最新の状況を報告します。そうすることにより、事業の可能性やビジネスチャンスについての有効な洞察ができるようになります。

Comparable　比較可能

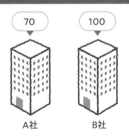

70　　100

A社　　B社

自社の取り組みが同業他社の取り組みと比べて、どれくらいの成果を上げられたのか、比較可能な形で報告します。こうすることで、企業は取り組みの改善を効果的に行なえます。

参照：UN Global Compact(国連グローバルコンパクト)、GRI(グローバル・レポーティング・イニシアティブ)
「SDGsのビジネス・レポーティングにおける投資家ニーズへの対応（2018年）」

07 PDCA サイクルで SDGs を考える

管理業務の改善のために広くつかわれている PDCA サイクルは、企業が SDGs に取り組む際にも活用することができます。

SDGs に取り組む企業のために、環境省は 2018 年に「持続可能な開発目標（SDGs）活用ガイド」を発行しました。同ガイドの中では PDCA サイクルを利用した SDGs の取り組み手順が紹介されています。**PDCA サイクル**とは生産管理や品質管理などの管理業務を円滑に進めるための手法として広く知られているもので、それを SDGs の実践のために活用します。

PDCAサイクルを活用してSDGsに取り組む

STEP 1 取り組みの意思決定

僕がリーダーとして頑張ります！

話し合いと考え方の共有

SDGsに取り組む前に、社内でSDGsに対するコンセンサスを得て、プロジェクトチームをつくる。企業理念の再確認と将来ビジョンの共有や経営者の理解と意思決定、担当者（キーパーソン）の決定とチームの結成をする。

STEP 2 Plan（取り組みの計画）

うーん…

こうやって進めるのはどうですか？

事業の進め方と社会との関係を整理

自社の現在の事業や社会貢献活動を整理して、課題の整理と取り組み内容の見直しをする。自社の活動内容の棚卸しを行ない、SDGsと紐づけて説明できるかを考える。

計画（Plan）→実行（Do）→評価（Check）→改善（Act）を繰り返して業務を改善するのが、PDCA サイクルです。SDGs に取り組む際、計画〜改善のステップを繰り返しますが、計画の段階で**「自社の活動内容の棚卸しを行ない、SDGs と紐づけて説明できるかを考える」**ことを求められている点に特徴があります。自社の事業内容を整理して、SDGs とのつながりを見つけるのです。

STEP 5 Act
（取り組みの見直しと改善）

外部への発信と次への展開

取り組みを整理してビジネスチャンスにつながる外部への発信を行なう。取り組みに対する評価をもとに一連の取り組みを整理し、自社の活動とSDGsを改めて考えて、次の展開を考える。

今後はこのように進めていきたいと思います

One point

資金調達のための助成制度に関しては、「J-Net21」（https://j-net21.smrj.go.jp/）や「ミラサポプラス」（https://mirasapo-plus.go.jp/）などのサイトで検索できます。

STEP 3 Do
（具体的な取り組みの検討と実行）

いかがでしょうか？　ふむ

取り組み方と資金調達の確認

SDGsへの取り組み方を決め、助成や融資などの資金調達方法を考える。取り組みの目的、内容、ゴール、担当部署を決め、行動計画を作成し、社内での理解と協力を得る。

STEP 4 Check
（取り組み状況の確認と評価）

今月は…

取り組みを実施し、その結果を評価

開始する前後と取り組んでいる過程の記録を取り、レポートを作成する。

08

SDGsを企業戦略に
落とし込むには？

事業のプロセスをわかりやすく図示したロジックモデルをつかうと、SDGsを組み込んだビジネスを検討することができます。

94〜95ページでも紹介したとおり、**ロジックモデル**はSDGsを組み込んだ事業を行なううえで頼りになるツールです。**ロジックモデルとは、事業や政策などの始まりから結果までの論理的な因果関係を図示したものです。**これは、行おうとしている事業や政策などがどのような道筋で目的を達成しようとしているのかの仮説を示したもの、またはその戦略を示したものともいえます。

ロジックモデルで考えるSDGsのビジネス

地元の間伐材をつかった木製品の場合

ここでは、間伐材を材料につかった木製品を例としてロジックモデルを作成しました。地元の木材をつかって、地元で生産を行ない、地元で販売することで、地域全体の収入の向上を期待しています。

インプット（投入）・アクティビティ（活動）

未利用資源をつかった木製品を地元で生産・販売

アウトプット（結果）

ありがとうございます。

×50

消費者が木製品を購入する

ロジックモデルは SDGs を組み込んだビジネスについて検討するうえでも活用できます。その場合、起点となる「インプット」に開発したい商品やサービスを配置し、結果の「アウトプット」のところに「顧客が購入」を配置します。そこから期待される変化などを成果の「アウトカム」に、SDGs の目標を「インパクト」のところに配置する形でロジックモデルを形成します。

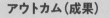

アウトカム（成果）

地元の林業活性化と観光地としての価値が上昇　　新商品の開発

地域全体の
収入の向上

地元での
雇用を促進

**インパクト
（社会への影響）**

製品などが社会や環境にどう影響しているか把握する

企業の活動とSDGsへのインパクトを表す指標づくりが大切です！

09 バックキャスティングで考えよう

未来の目標が設定されている SDGs では、未来から逆算して
道筋を考えるバックキャスティングという思考法が最適です。

問題解決のための思考法として、「**フォアキャスティング**」と「**バックキャスティング**」というものがあります。フォアキャスティングは現在を起点にして未来を考えるものです。例えば、「今、体重が100kgだから1ヵ月に2kgのダイエットをしよう」と考えるのがフォアキャスティングです。一方のバックキャスティングは、未来を起点に「1年後は体重を76kgにしたいので、逆算すると月に2kg減少が必要」と考えます。

フォアキャスティングとバックキャスティング

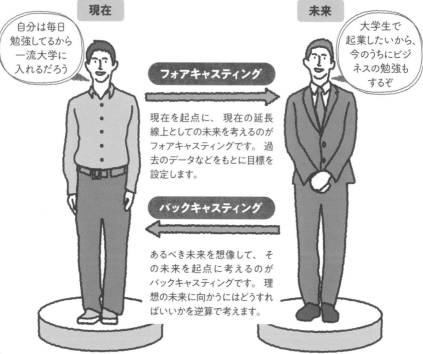

現在

自分は毎日
勉強してるから
一流大学に
入れるだろう

未来

大学生で
起業したいから、
今のうちにビジ
ネスの勉強も
するぞ

フォアキャスティング

現在を起点に、現在の延長
線上としての未来を考えるのが
フォアキャスティングです。過
去のデータなどをもとに目標を
設定します。

バックキャスティング

あるべき未来を想像して、そ
の未来を起点に考えるのが
バックキャスティングです。理
想の未来に向かうにはどうすれ
ばいいかを逆算で考えます。

SDGs は 2030 年までに達成する目標を掲げているので、あるべき未来の姿を想定して「その未来に進むために何をすればいいか」と考えるバックキャスティングが適しています。変化が激しい現代では、過去のデータをもとに予測するフォアキャスティングよりも、実現したい未来から逆算して、そこに至る道を考えるバックキャスティングのほうがイノベーションを起こしやすいでしょう。

気温上昇を抑えるバックキャスティングモデル

気温上昇を1.5℃未満に抑える

目標を「地球の気温上昇を 2030 年までの 1.5℃未満に抑える」とする場合、まずは温室効果ガスの削減が求められる。その原因として石炭などのエネルギーの使用があるため、エネルギーをできるだけ効率化させて使用する必要がある。そのため企業がするべきことは、とゴールから「どうすればできるようになるのか」を考えるのがバックキャスティング。

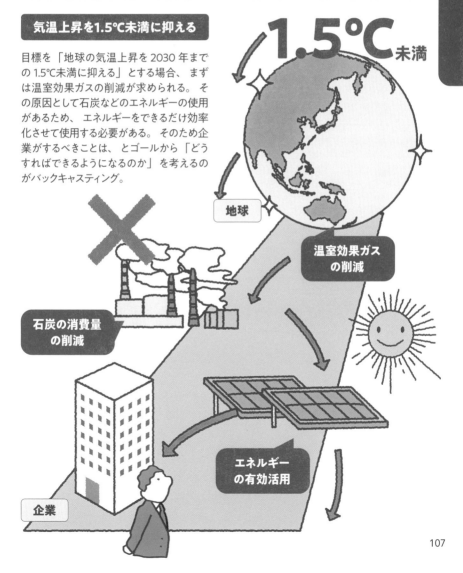

1.5℃未満

地球

温室効果ガス
の削減

石炭の消費量
の削減

エネルギー
の有効活用

企業

10 トップコミットメントが重要

企業による SDGs は、トップが SDGs は今や経営マターであるという明確な意識を持って、リーダーシップをとるべきです。

SDGs の目標を達成するためには、企業が一丸となって取り組む必要があります。**企業のトップや経営陣が SDGs のことをしっかりと理解し、方針を示すトップコミットメントが大切なのです**。SDGs のプロジェクト自体は別の責任者がリードするとしても、SDGs の意義や取り組みに関する方針を会社として策定する必要があるので、トップが積極的に関与してないと目標は達成できません。

トップコミットメントの重要性

One point

「責任を持って関わること」をコミットメントと呼びます。トップのコミットメントがあると企業としてのSDGsへの取り組みが大きく前進します。

我が社は全力でSDGsに取り組もう!

SDGs は経営マターですので、業務の様々な段階で SDGs に取り組む必要があり、 SDGs はほぼすべての部署に関わってきます。 トップが積極的に従業員に働きかけ、 取り組みの方針を示す企業のほうが取り組みの成果は高まります。

自社サイトでも方針が見られる!

うちの部署も本気でやらないと

社長が本気だ

企業のトップがSDGsに意欲的なら問題はありませんが、そうでない場合は、トップに関心を持たせるための工夫が必要となります。上場企業であれば、82〜83ページで紹介したESG投資に興味のある投資家の意見などを利用するとよいでしょう。また、**SDGsに取り組んでいる同業他社の存在を利用してトップの対抗意識に火をつける**という方法もあります。

関心のないトップに興味を持たせるには？

SDGs関連のプロジェクトを取りまとめる担当者がいたとしても、トップがSDGsに無関心では取り組みはうまくいきません。

我が社もSDGsに取り組むべきでは？

うちには関係ないだろう

御社ではSDGsに取り組んでいますか？

いや…

投資家

上場企業なら、ESG投資家から質問されることでSDGsへの関心につながることがある。

取引先はすでにSDGs経営を打ち出していますよ！我が社でも取り組むべきだと思います

同業他社がSDGsに取り組んでいる場合は、他社の動向を伝えてトップの対抗意識を刺激しましょう。

11 持続可能なサプライチェーンとは？

商品のモノの流れを示すサプライチェーン上で起きる問題を自社の問題と考えないことは、企業にとってリスクとなります。

企業の仕事の工程を表わす言葉で、**サプライチェーン**というものがあります。「供給（サプライ）」の「連鎖（チェーン）」という言葉からもわかるとおり、原材料の調達から商品が消費者に届くまでのプロセスのことです。仕事の流れを表すサプライチェーンは、モノやサービスを提供する上でしっかり意識しないといけないものですが、SDGs に取り組むうえでも同様です。

川上で起きた問題も無関係ではない

調達から始まるサプライチェーンの工程のどこかで問題が起きた場合、商品の販売を行なう会社にも責任があると判断するのが国際社会の考え方です。

温室効果ガスの排出

"川上"の問題にも責任を持たないと

物流

販売

現代では自分が働く会社のSDGsの取り組みを考えるうえで、自社だけでなく川上、川下のパートナーまで含めて目を配ることが求められます

社会の意識が高まる以前は、自社が直接的に関わっていないサプライチェーンの過程で、環境問題や人権問題などが発生しても「私たちは関係ない」という態度を取り、問題を解決しようとしない企業も少なくありませんでした。ですが、現代ではサプライチェーンの"川上"で問題が起きた場合、それは"川下"の企業にとっても問題であるという認識が広まっています。

森林伐採

水質汚染

調達

国連グローバル・コンパクトなどの報告によると、サプライチェーン上で起きる問題に対応しない企業への投資を「除外する」「再考する」と回答した投資家が大多数でした。サプライチェーンのすべての工程でSDGsを意識すべきなのです

製造

強制労働

児童労働

児童労働、強制労働、人身取引、長時間労働など、サプライチェーンには解決されるべき様々な人権問題が潜んでいます

One point

1997年、スポーツ用品メーカー・ナイキの傘下にある下請け工場が児童労働などを行なっていることが発覚し、大々的な不買運動が起こった。「ナイキショック」と呼ばれるこの騒動を機に、下請けの反社会的な行動は、親会社に責任があるという風潮になった。

12 バリューチェーンからの アプローチ

企業の事業活動を分類したバリューチェーンを見直すことで、
利益と社会的価値の追求を両立させることができます。

94 〜 95 ページで解説したとおり、**バリューチェーン・マッピング**は SDG コンパ
スで優先課題を決定する際に活用することができます。**バリューチェーン**とはサ
プライチェーンの各段階で、どのように価値が生み出されているかなどを分析
するものです。このバリューチェーンは、共通価値を創造する際にもつかえる
ので、SDGs に取り組むうえで重要な概念といえます。

利益を追求しながら社会的価値も生む

SDG コンパスでは、 バリューチェーン全般を通じて、 企業の事業活動が SDGs におよぼ
すプラスとマイナスの影響を特定し、 優先課題を絞り込むことを推奨しています。 SDGs
への取り組みは、 CSV に活用することができるのです。

バリューチェーン・マッピング

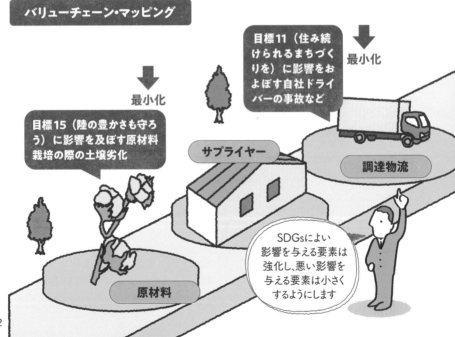

目標11（住み続けられるまちづくりを）に影響をおよぼす自社ドライバーの事故など

最小化

目標15（陸の豊かさも守ろう）に影響を及ぼす原材料栽培の際の土壌劣化

最小化

サプライヤー

調達物流

SDGsによい影響を与える要素は強化し、悪い影響を与える要素は小さくするようにします

原材料

共通価値とは、chapter 3 の78～79ページでも触れましたが、企業の社会での価値創造を狙う概念で、英語での略称は「CSV」です。CSV は、社会的価値の創出と経済効果の両立を目指すもので、両者の間に相乗効果を生み出そうとします。バリューチェーンを見直して、改善・改革することで、CSV を創造することができます。SDGs の目標を目指しながら利潤の追求もできるのです。

バリューチェーンでの CSV

CSV の提唱者である経済学者マイケル・ポーターは、CSV を生み出すために見直すべきバリューチェーンの項目として下記を挙げています。エネルギーの有効利用と物流コストの削減、資源の有効活用、調達、流通、従業員の生産性向上、地域の発展

マイケル・ポーター

製品の廃棄

製品の使用

目標12（つくる責任つかう責任）達成のため、消費者が製品をリサイクルできる機会を増加

販売

目標6（安全な水とトイレを世界中に）に影響を与える水資源の節約問題

最小化　強化

操業

目標3（すべての人に健康と福祉を）達成のため、全従業員に人間ドック補助金を支給

強化

飲料事業のキリンは「飲酒運転の多発」という社会問題に対して、ノンアルコールビールという世界初の商品を開発。また、物流の改善で CO_2 排出削減とコストの削減も両立させた。

CSVに取り組み、見事な成果を上げている企業があります

コーヒーメーカーのネスレは、豆の仕入れ先のアフリカや中南米の貧しい農家に対して、農法に関するアドバイスを実施。また、高品質の豆には価格を上乗せして農家に直接支払い、農家の生産性と所得を向上させた。

SDGs 推進のためには 連携も大切

困難な社会・環境課題を解決するには、他者と連携しなければ、利益獲得の機会は得られません。

SDGs ではビジネスによる創造性とイノベーションが期待されています。そのためには、自社以外の企業や自治体・団体・大学などの関係者との連携協働が必要不可欠です。そうしなければ経済発展が持続することは難しく、社会・環境課題も解決しないでしょう。そのような流れも踏まえて、SDGs ではグローバルにもローカルにもパートナーシップが重視されています。

利益だけを追求する時代は終わった

これまで、企業は利益を最優先するあまり、多くの過ちを犯してきました。

三井金属鉱業
鉱山の排水によって神通川下流域で周辺住民がイタイイタイ病に。日本初の公害病で四大公害病の一つ

フォックスコン
アップルのiPod nanoを製造している中国の子会社で違法な過酷労働が発覚

フォルクスワーゲン
ディーゼルエンジンの一部車種で、走行時の有害排出物が規制値を大幅に超えていたことが発覚

モラルなんて関係ねぇ。大事なのは利益だ!

環境問題や人権問題が解決されないと、経済の発展は持続できないのです

SDGs を推進させるためには、**他者との連携**も重要となります。SDGs を念頭に企業が集まり、オープンイノベーションで新たな商品開発をします。また、かつては低賃金で途上国の労働者を働かせていた企業が多く存在しましたが、110 ～ 111 ページで解説したように、そうした企業は許されません。人道的に正しいだけでなく、途上国の成長を支えることでそこに新しいマーケットが生まれ、自社の利益にもつながることもあるのです。

他者と連携しないと経済は発展しない

SDG sは、 関係者との連携の重要さを指摘しています（目標17「パートナーシップで目標を達成しよう」）。

クボタ
人が乗らずに農作業を行なう自動運転トラクタを開発。3Dダイナミックマップの活用など自動車メーカーの技術を取り入れ、技術発展に努めている

ダイキン
空調機などのIoT（モノのインターネット）センサーでオフィス内の人の数や位置などのデータを取得し、働き方改革につなげる取り組みを実施

他社と手を取り合い、得意なことを集め、環境を保全し、人権問題を解決することで、イノベーションが起こり経済発展は維持されます

グローバル化が進んだことで、今やあらゆる産業で国をまたいだ分業制が行なわれています。国によっては労働者が劣悪な環境で働かされることも少なくありません。SDGsではそういった行動はリスクとして排除することも目指しています

不二製油グループ本社
パーム油の持続可能な調達のため、マレーシアの現地NGOと組み、ボルネオ島の農家の生産向上と労働改善を目的とした教育支援を実施

ヤマハ
2017年度から「心の復興」事業にNTTドコモと連携して活動を展開。音楽を通じた地域貢献を行なっている

14 非上場企業に SDGs は関係ない？

日本の中小企業で SDGs に取り組む企業はいまだ多くはありません。では、中小企業に SDGs は関係ないのでしょうか？

90 〜 101 ページで紹介した SDGs のためのツール「SDG コンパス」は、もともとは大企業が使用することを想定して開発されました。また、**SDGs に取り組むメリット**としては、82 〜 83 ページで解説したとおり、投資家の評価をはじめ企業価値が上がります。では、非上場企業や中小企業にとって SDGs は関係のないものなのでしょうか？

中小企業の間での SDGs の認知度

関東経済産業局と日本立地センターが 2018 年に発表した「中小企業のSDGs 認知度・実態等調査」では、84.2%の中小企業経営者が「SDGsについてまったく知らない」と回答しています。多くの中小企業が SDGs のことを知らず、取り組みも行なわれていません。

SDGs に取り組む大企業と取引する場合、取引条件として中小企業にも SDGs への対応を求められるようになる可能性は大いにあります。実際、SDGs に取り組む取引先の大企業から中小企業に環境や労働面での調査依頼があるという話は、今や珍しくなくなってきました。また、海外では未上場のベンチャーに投資する際に SDGs への貢献度を検討材料にすることも増えています。

中小企業でも SDGs に取り組むべき理由

SDGsに対応してない会社とは仕事をしません

大企業　中小企業

SDGs に取り組んでいる大企業は、今後、環境や労働面で問題を生じさせないよう、取引先の中小企業に「SDGs に対応すること」を求めることが考えられます。

環境配慮を徹底していない部品メーカー。

従業員が規定を超えた長時間労働を行なっている会社。

職場でハラスメントが行なわれている会社。

非上場企業　海外のファンド

弊社はSDGsに取り組んでます

よし、投資しよう！

SDGs に取り組んでいれば、非上場企業でも投資家にアピールできます。SDGs への貢献度をチェックした上で、未上場のベンチャー企業にも投資してくれる海外のファンドがあります。

フランスの SWAN CAPITAL PARTNERS やイギリスの ETF Partners などの海外のファンド

SDGsウォッシュの
落とし穴

　SDGsウォッシュとは、一見SDGsに取り組んでいる「ふり」をすること。環境保護の分野で、上辺だけのエコを指す「グリーンウォッシュ」から派生した言葉です。SDGsを自社の事業と紐づけることは簡単ですが、実態がともなっていなければSDGsウォッシュと指摘され、それまで積み上げてきた信頼を一気に失いかねません。SDGsに取り組むということは、17の目標の達成に向けた手段である169のターゲットレベルで貢献するということであり、貢献度の測定方法も合わせた情報開示が期待されます。

　SDGsウォッシュに明確な基準はありませんが、回避するには①根拠がなく情報源が不明な表現を避ける、②事実よりも誇張した表現を避ける、③言葉の意味が規定しにくいあいまいな表現を避ける、④事実と関係性の低いビジュアルを用いない、といったポイントを押さえたほうがよいでしょう。

　また、自社の既存の事業活動の延長線上にSDGsの目標を設定してもいいのですが、SDGsの目標達成とのギャップがあまりに大きくなるのはよくないです。やはり達成への道筋を示すべきでしょう。SDGsの目標から逆算して、今、何をするべきかを考えることが基本なのです。

☑ KEY WORD

SDGコンパス P.90

2016 年 3 月 に GRI (Global Reporting Initiative)、国連グローバル・コンパクト (UNGC)、持続可能な開発のための世界経済人会議 (WBCSD) の 3 団体が共同で作成した、企業向けの SDGs の導入指針。企業がいかにして SDGs を経営戦略と統合し、SDGs 達成への貢献を測定・管理していくかについての指針を提供することを目的としている。様々な言語に訳され、世界的に活用されている。

☑ KEY WORD

ロジックモデル P.95

SDG sにおいて、達成されるゴールは企業や団体などの取り組みの相互作用によって達成されるもの。そのためには、事業や組織が最終的に目指す姿の実現に向けた道筋を、体系的に図示化する必要がある。これをロジックモデルという。事前または事後的な施策の概念化や、設計上の欠陥や問題点の発見、施策を論理的に立案するなどのうえで意義のあることだといわれている。

☑ KEY WORD

アウトサイド・イン・アプローチ P.97

社会（アウトサイド）の未来から目標を設定し、その目標と現在のギャップを埋めるための戦略を逆算して考える方法のこと。インサイド・アウト・アプローチ（企業の内部の過去と現在の業績を分析し、未来の目標を設定すること）では、世界的な課題に十分対処できないといわれており、昨今、このアプローチの重要性が叫ばれている。

☑ KEY WORD

有害化学物質 P.98

人の健康や環境に悪い影響を与える物質のこと。例えば、水俣病の原因となった有機水銀やイタイイタイ病の原因となったカドミウムなどの重金属。難分解性、生物蓄積性、毒性、長距離移動性を持つPCB、ダイオキシン類、塩素系農薬などの残留性有機汚染物質。人や動物の内分泌系に影響を与え、身体に障害や有害な影響を引き起こす環境ホルモン（外因性内分泌かく乱化学物質）などが挙げられる。

☑ KEY WORD

PDCAサイクル P.102

Plan（計画）、Do（実行）、Check（評価）、Action（改善）の頭文字を取ったもので、業務の効率化を目指す方法の一つ。日本では1990 年代後半から頻繁につかわれるようになった。計画から改善までを一つのサイクルとして実施する。掲げた目標の数値を達成できなかった場合、新たな施策を考え直す必要があり、目標達成のためにこの方法を続けることによって、徐々に失敗を回避できるようになる。

☑ KEY WORD

サプライチェーン P.110

製造業などにおいて、製品が消費者の手元に届くまでの一連の工程のこと。原材料・部品の調達、製造、在庫管理、配送、販売、消費といった工程を個別にではなく、チェーンのように1つの連続した流れとして捉えた経営用語で、日本語では「供給連鎖」と訳される。サプライチェーン全体の連携管理や最適化を測る経営管理手法は「サプライチェーン・マネジメント」と呼ばれる。

Chapter

5

SDGs
mirudake notes

「自治体SDGs」が
私たちの生活を変える

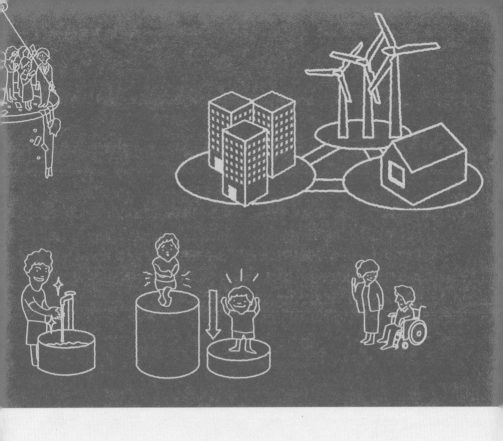

現在、日本全国の多くの自治体でSDGsに関連した取り組みが行なわれています。また、国や自治体を含めた多くの組織や人々が関わる「オリンピック」や「万博」といった世界的イベントでも、優先すべき課題としてSDGsはフィーチャーされています。

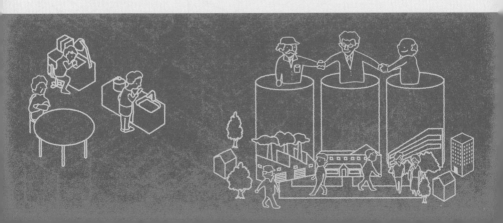

01 地方自治体と持続可能なまちづくり

SDGs の目標の一つに、「住み続けられるまちづくりを」があります。そこで重要な役割を担うのが地方自治体です。

SDGs が浸透するには、様々なステークホルダーの連携が求められます。そこで注目したいのが**地方自治体**の存在です。地方自治体は、行政機関として、**国が推進するグローバルな課題解決に加え、企業や市民が直面するローカルな課題解決という双方に対応できる立場にあります**。それだけに、SDGs 達成には地方自治体の役割が必要不可欠なのです。

まちづくりは地方自治体がキー

地方自治体がSDGsによる持続可能なまちづくりを推進すれば、住民の生活の質が向上します。**生活の質が高まれば、その地域に留まろうとする定住者が増えるばかりか、質の高い生活を求めて移住者が増えることも考えられます**。少子高齢化や、地方経済の低迷など、課題が山積している地方自治体。SDGs達成に取り組むことで、抱えている課題に対して効果的にアプローチできるのです。

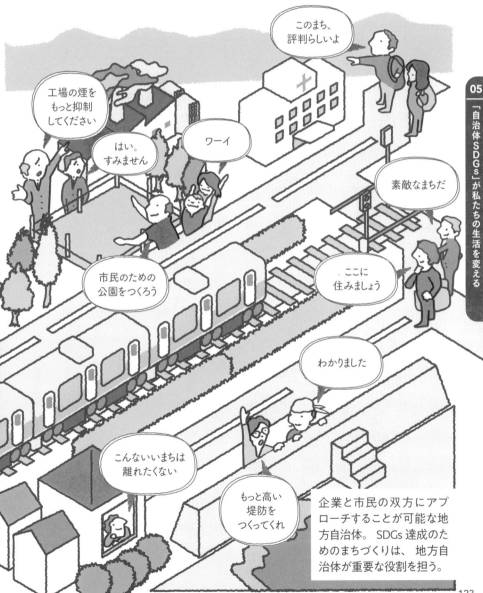

企業と市民の双方にアプローチすることが可能な地方自治体。SDGs達成のためのまちづくりは、地方自治体が重要な役割を担う。

02 「SDGs 未来都市」とは？

SDGs 達成に向け、優れた取り組みを提案する都市として、すでに 60 の自治体が選ばれていることをご存知でしょうか？

内閣府地方創生推進事務局は、2018、2019 年度に、SDGs の達成に取り組む都市「**SDGs 未来都市**」を選定。2018 年度には 29 の自治体、2019 年度には 31 の自治体が認定されました。また、**年度ごとに先導的な提案を行なった 10 の自治体に対し、「自治体 SDGs モデル事業」として上限 3000 万円の補助金を支給**。日本の SDGs モデルの構築に向けて積極的に取り組んでいます。

未来都市の創生を国がバックアップ

2018 年度に「SDGs 未来都市」および「自治体 SDGs モデル事業」に選ばれた都市に富山市があります。 少子高齢化が進んでいる同市ですが、コンパクトなまちづくりを基本方針として、次世代路面電車などの公共交通機関を整備し、社会インフラを拡充。富山市はかつては自動車への過度の依存がありましたが、持続可能なコンパクトシティに変わろうとしています。

出典：富山市環境部環境政策課「富山型エコポイント事業における取組み〜チームエコケロ事業〜」

自治体SDGsモデル事業の一例

参照：事業構想大学院大学
「月刊事業構想 2019年3月号」より

03 「産官学金労言」が協働で地域活性化

地方創生という言葉は以前からありましたが、SDGs のアプローチによって、ますます活性化が進んでいます。

東京一極集中を是正し、地方の人口減少に歯止めをかけ、日本全体の活力を上げることを目的とした「**まち・ひと・しごと創生法**」が 2014 年に成立しました。この法律によって一定の成果が上がりましたが、さらにこれを加速させるためには、**これまでの「産官学」（産業・行政・教育）に加え、「金労言」（金融・労働・メディア）の連携が求められています。**

まち・ひと・しごと創生法とは？

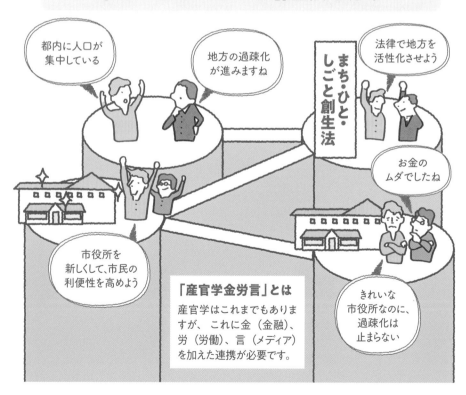

都内に人口が集中している

地方の過疎化が進みますね

法律で地方を活性化させよう

まち・ひと・しごと創生法

お金のムダでしたね

市役所を新しくして、市民の利便性を高めよう

「産官学金労言」とは
産官学はこれまでもありますが、これに金（金融）、労（労働）、言（メディア）を加えた連携が必要です。

きれいな市役所なのに、過疎化は止まらない

本来、地域づくりは特定の組織に任せきりにするものではありません。企業や行政、学校や住民など、すべての人が課題意識を持たなければ成果は上がらないのです。そんな関係者を一つにまとめ上げるために必要なのが、**「誰一人として取り残さないことを誓う」というSDGsのアプローチ**。これにより、環境・産業・教育・防災など産官学金労言の協働による地域活性化が実現可能となるのです。

産官学金労言の連携が地方を救う

One point

本書監修の笹谷秀光さんが実行委員長を務める「未来まちづくりフォーラム」。自治体、企業をはじめ、アカデミック、各種団体が参加し、持続可能なまちづくりを目指す地方創生のイベントです。このようなイベントは、新たな「協創力」が生まれる機会でもあるので、ぜひ注目しましょう。前回のサイトはこちら→https://www.sustainablebrands.jp/event/sb2020/special-miramachi.html

04 国際的なイベントとSDGs

国際的なイベントでもテーマとしてSDGsを掲げるのが世界の
潮流となってきました。我が国に注目が集まります。

世界最大規模のスポーツイベントである**オリンピック・パラリンピック。2021年
に延期になりましたが、SDGsに準拠した、持続可能性が調達や運営のルールです。**
そのことから、2021年に開催予定の東京オリンピックでは「Be better, together
／より良い未来へ、ともに進もう。」をコンセプトとし、SDGsに貢献するとと
もに、将来の大会や国内外に広く継承される取り組みが行なわれます。

東京五輪もSDGsに貢献

Be better, together

世界が注目するイベントだからこそ、世界的な取り組みであるSDGsの
貢献につながる。その模範を示すものになる。

国際的なイベントに SDGs を掲げる傾向は、オリンピックやパラリンピックだけではありません。2025 年に開催される**大阪・関西万博**でも SDGs を目標に掲げています。**大阪・関西万博のメインテーマは「いのち輝く未来社会のデザイン」で、これは SDGs が達成された社会を表しています**。また、万博開催都市のみならず、「オール・ジャパン」での SDGs 対応が求められます。

大阪・関西万博も SDGs を表明

SDGs を表明したことで、 2025 年の万博の開催地は大阪・関西に決定。 経済波及効果は約 1.9 兆～ 2 兆円と試算されている。

「持続可能性に配慮した調達コード」とは?

「持続可能性に配慮した調達コード」とは、東京オリンピック・パラリンピック競技大会組織委員会が、本大会を持続可能性に配慮したものとするために策定したツールのことです。

　なぜこうしたものがつくられたかというと、委員会が大会の準備・運営段階の調達プロセスにおいて、法令遵守はもちろんのこと、地球温暖化や資源の枯渇、生物多様性の損失などの環境問題、人権・労働問題、不公正な取引などの問題を考慮することで、社会的な責任を果たすことを重要視しているからです。そのために委員会は、大会に関わる調達に、違法に採取された原材料の使用、差別やハラスメント、児童労働や強制労働や違法な長時間労働、外国人技能実習生に対する不当な扱いや個人情報の漏洩などがないようにすることを求めているのです。

　これらの環境・社会課題もサプライチェーン（製品の原材料・部品の調達から、製造、在庫管理、配送、販売、消費までの全体の一連の流れのこと）のどこかの段階で起きている可能性があるので、調達に参加する事業者のサプライチェーンには調達コードの遵守が求められます。このルールは五輪レガシー（遺産）として定着していくでしょう。

☑ KEY WORD

ステークホルダー P.122

企業などの組織が活動を行なうことで影響を受ける利害関係者を指す。株主・従業員・顧客・取引先、金融機関、地域社会や行政機関なども含まれる。複数のステークホルダーの間の利害は一致するとは限らないが、企業はステークホルダーとコミュニケーションを取り、ともに成長し利益を実現していく必要がある。

☑ KEY WORD

地方自治体 P.122

日本の地方自治は、憲法で保障されている。国と地方は別の法人格を持ち、地方自治の仕組みや国と地方の関係については、地方自治法に定められている。地方公共団体は、公選による議員による議会を持ち、議会は予算の議決などのほか、法律の範囲内での立法権限を有している。行政の執行は公選される首長（知事・市町村長）が行う。日本の地方公共団体は、都道府県・市町村の2層制となっている。

☑ KEY WORD

SDGs未来都市 P.124

自治体によるSDGsの達成に向けた優れた取り組みを提案する都市として、内閣府地方創生推進事務局に選出された都市のこと。ノーマライゼーションという、言葉のいらないまちづくりが評価された岩手県陸前高田市をはじめ、日本の20年先を行く10万人都市による官民協働プラットフォームを活用した「問い」「学び」「共創」の未来都市創造事業を行なう福岡県大牟田市など、計60の都市が選定されている。

☑ KEY WORD

自治体SDGsモデル事業 P.124

SDGsの理念に沿った取り組みにより、経済・社会・環境の三側面における新しい価値創出を通して、持続可能な開発を実現するポテンシャルが高い先導的取り組み。また、多様なステークホルダーとの連携を通し、地域における自律的好循環が見込める事業。政府はこの事業を支援するとともに、成功事例の普及、展開などを行ない、地方創生の深化につなげていくことを目指している。

☑ KEY WORD

まち・ひと・しごと創生法 P.126

平成26（2014）年11月28日に公布された法律。通称は「地方創生法」。「まち」（国民一人ひとりが夢や希望を持ち、潤いのある豊かな生活を安心して営める地域社会の形成）、「ひと」（地域社会を担う個性豊かで多様な人材の確保）、「しごと」（地域における魅力ある多様な就業の機会の創出）の3つの項目を一体的に推進していくための基本的な理念などが定められている。

☑ KEY WORD

大阪・関西万博 P.129

令和7（2025）年に大阪府大阪市此花区の夢洲で開催される予定の国際博覧会「2025年日本国際博覧会」のこと（大阪・関西万博は略称）。「未来社会の実験場」をコンセプトに、展示を見るだけでなく、全世界の80億人がアイデアを交換し、未来社会を共創。人類共通の課題解決に向け、先端技術など世界の英知を集め、新たなアイデアを創造・発信する場になることなどを目指している。

Chapter

6

SDGs
mirudake notes

SDGs 国内外の
先進事例に学ぼう

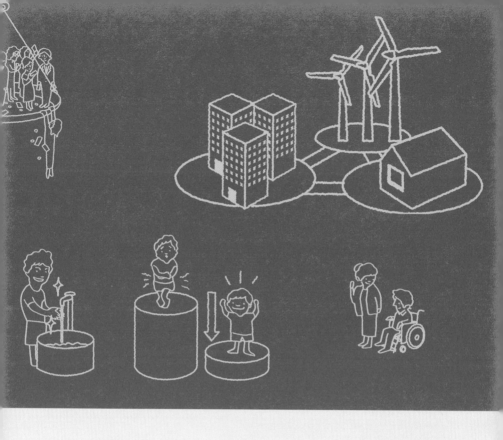

SDGs は幅広いテーマで、経営全般に関連します。身近なところからすぐにも始めるべきですが、まずはヒントを先進事例から探りましょう。SDGs という世界共通言語をすでに使いこなしている世界企業はうまく本業を生かし、企業価値を向上させています。国内企業や自治体との連携事例では、本業を生かした協働の仕方に注目ください。

01 ユニリーバ

SDGs経営では世界を代表する企業、ユニリーバの石鹸ブランドの「ライフブイ」がインドの衛生環境を大幅に改善しました。

石鹸、洗剤、食品などを手がける多国籍企業ユニリーバ。同社の石鹸ブランド「ライフブイ」は、インドのある村で手洗い促進キャンペーンを実施しました。これは病気の根絶のため、村の人々に石鹸で手を洗う習慣を浸透させることを目的としたもので、劇的な効果を生みました。衛生環境が改善され、子どもの下痢の発生が36％から5％にまで減少したのです。

手洗い促進キャンペーンで衛生環境を改善

ユニリーバの石鹸ブランド「ライフブイ」は、インドを含めた14カ国で、手洗い促進キャンペーン「Help A Child Reach5」を実施。このキャンペーンはMDGs時代から実施しており、SDGsの目標3への寄与が期待できます。

子どもの下痢の発生率

36%

5%

One point

救命浮輪を意味する名前の石鹸ブランド「ライフブイ」は、手洗い促進キャンペーンの実施により増益を達成。SDGsの取り組みが利益に結びついているのです。

世界では下痢、肺炎、マラリアにより、年間約810万人の子どもが5歳になる前に亡くなっています。キャンペーンで、村の子どもの下痢の発生が36％から5％にまで激減したことには、非常に大きな意義があるのです。

参照：サステナビリティ・ESG投資ニュースサイト「Sustainable Japan」2014/04/30

02 【日本企業】
日本フードエコロジーセンター

余った食品を飼料にする事業によって、ゴミ処理の問題と畜産経営の問題を解決しようとしている企業があります。

食品リサイクル事業を手がける、日本フードエコロジーセンターは、そのままだと廃棄される食品などを材料に飼料を製造しています。その飼料で豚を育て、大手スーパーなどでブランド肉として販売。スーパーなどで発生した、余剰食品で飼料を製造するという、「食品リサイクル・ループ」を構築し、2018 年にジャパン SDGs アワード内閣総理大臣賞を受賞。SDGs の目標 12 を多くの関係者とのパートナーシップで実施しています。

食品をムダにしないリサイクルのループ

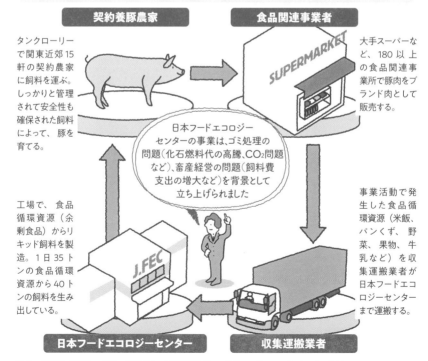

契約養豚農家

タンクローリーで関東近郊 15 軒の契約農家に飼料を運ぶ。しっかりと管理されて安全性も確保された飼料によって、豚を育てる。

食品関連事業者

大手スーパーなど、180 以上の食品関連事業所で豚肉をブランド肉として販売する。

日本フードエコロジーセンターの事業は、ゴミ処理の問題（化石燃料代の高騰、CO$_2$問題など）、畜産経営の問題（飼料費支出の増大など）を背景として立ち上げられました

工場で、食品循環資源（余剰食品）からリキッド飼料を製造。1 日 35 トンの食品循環資源から 40 トンの飼料を生み出している。

事業活動で発生した食品循環資源（米飯、パンくず、野菜、果物、牛乳など）を収集運搬業者が日本フードエコロジーセンターまで運搬する。

日本フードエコロジーセンター

収集運搬業者

出典：機関紙「地球のこども」2020 年 1、2 月号高橋巧一・日本フードエコロジーセンター社長

03 【海外企業】
BASF（脱化石燃料）

総合化学メーカー BASF は将来的に生産プロセスから化石燃料を排除することを宣言。そのための研究開発を進めています。

ドイツに本社を置く、総合化学メーカーの BASF は、低排出ガス生産プロセスを確立させると 2019 年に発表しました。化学燃料を徐々に再生可能エネルギー源に置き換えて、最終的には生産プロセスから化学燃料を廃止する方針を取ったのです。目標達成のためには新しい技術が必要となるので、イノベーションが生まれると期待して意欲的な研究開発プログラムに取り組んでいます。

CO_2 排出量を大幅削減するためのプロジェクト

原油を分留した軽質油のナフサをオレフィン（炭化水素化合物の一種）と芳香族化合物に分解するためには約 850℃の温度が必要。そのための加熱を天然ガスでなく、再生可能エネルギーに換えれば、CO_2 排出量を約 90％削減できる可能性があります。

出典：BASF が 2019 年 1 月 10 日に発表した英文によるプレスリリースの翻訳記事

04 【日本企業】
日本リユースシステム（古着deワクチン）

まだ着られる衣服をリユースするだけでなく、ワクチンを途上国の子どもに届けるという事業が話題を呼んでいます。

リユースやリサイクルの事業を行なっている日本リユースシステムは、SDGsに貢献する「古着deワクチン」というサービスを行なっています。利用者が不要になった衣類を同社に送ると、開発途上国の子どもにポリオワクチンが送られるというシステムです。利用者は不要品の処分と社会貢献が同時にできるだけでなく、特典としてクーポンがもらえるようになっています。

2019年に第3回ジャパンSDGsアワード特別賞を受賞。
SDGs目標12と目標3の組み合わせなどに特色があります。

不要な衣類が途上国の子どものワクチンに

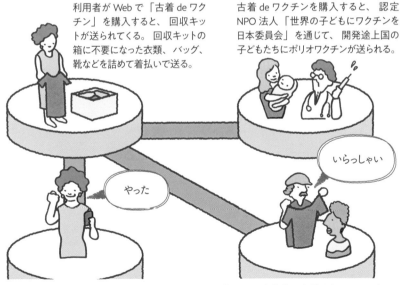

利用者がWebで「古着deワクチン」を購入すると、回収キットが送られてくる。回収キットの箱に不要になった衣類、バッグ、靴などを詰めて着払いで送る。

古着deワクチンを購入すると、認定NPO法人「世界の子どもにワクチンを日本委員会」を通じて、開発途上国の子どもたちにポリオワクチンが送られる。

やった

いらっしゃい

利用者には特典として協賛企業のクーポンが送られる。つまり、「社会貢献ができる」「不要品の処分が手軽にできる」「クーポンがもらえる」というメリットがある。

集められた古着は寄付されるのではなく、安価で輸出販売され、現地ではビジネスと雇用が生まれる。収益の一部でさらにポリオワクチンが購入される。

05 【海外企業】
ネスレ

世界最大の食品・飲料会社のネスレは、SDGs と深く結びついた事業を行なっていて、3 つの包括的目標を掲げています。

コーヒーなどで日本でも有名なネスレは、スイスに本社を置く、世界最大の食品・飲料会社。「共通価値の創造」を経営理念とするネスレは、SDGs に積極的に取り組んでいます。ネスレは SDGs に取り組むにあたって、3 つの包括的目標を掲げています。1 つ目は「個人および家族のため」、2 つ目は「私たちのコミュニティのため」、3 つ目は「地球のため」です。

SDGs に取り組む際の 3 つの目標

ネスレは、SDGs の達成支援に向けた取り組みの指針となる 3 つの包括的かつ長期的な目標を設定しています。

❶個人および家族のため
世界の子どもたちが健康的な生活を送れるように支援する。具体的な取り組みは、「栄養価の高い食品を販売する」「人工添加物を減らす」など

❷私たちのコミュニティのため
ネスレの事業活動と直結するコミュニティで暮らす人々の生活向上のための支援を行なう。具体的には「児童労働に対する監視」「事業活動における人権の尊重」など

❸地球のため
事業活動において環境負荷をゼロにするための取り組みを進める。具体的には「水資源の確保」「再生可能エネルギーの利用」など

出典：ネスレ日本のサイトより

【日本企業】「九州力作野菜」・「果物」プロジェクト

イオン九州・味の素九州事業所など

イオン九州と味の素の九州事業所が、バイオマス入りの堆肥を
農業に利用するプロジェクトを展開しています。

イオン九州と味の素の九州事業所、農業団体など約60の企業・団体が、「九州力作野菜」「九州力作果物」というプロジェクトを展開しています。アミノ酸搾取後の副産物の発酵副生バイオマス入りの堆肥を利用して、農作物の栽培を行なうというものです。この堆肥を使用することで、大幅な CO_2 排出量の削減ができるだけでなく、コストの削減も可能となり、関係者連携のヒントにもなりました。2019年にジャパンSDGsアワード内閣官房長官賞を受賞。

バイオマス入り堆肥を農業に活用

味の素がアミノ酸搾取後
の副産物である発酵副生
バイオマスの活用により、
重油使用をゼロにして
CO_2 排出とコストを削減。

堆肥製造業者
が「発酵副生
バイオマス混合堆
肥」という高品
質な肥料の製造
と販売を実施。

小売がブランド化した、
差別化できる農産物の
取り扱いを行なう。

農家が安価で高
品質な肥料で栄
養価の高い付加
価値のある農産
物の栽培を行な
い、販路拡大し
て所得を増やす。

顧客が安全安心な
おいしい野菜・果
物の消費を行なう。

九州イオングループ等が、小売
段階で「九州力作野菜」「九州
力作果物」の需要創造を行なう。

このような
バリューチェーンを構築することで、
関係者すべてが利益を享受できる
ビジネスモデルを確立しています

07

【海外企業】
インテル

世界有数の半導体メーカーのインテルは、社会的責任を果たして社会に貢献するため、様々な取り組みを行なっています。

インテルはパソコンなどで使用する半導体などの開発、製造、販売を行なう多国籍企業です。PC ユーザーからの認知度の高いインテルは、SDGs に積極的に貢献していることでも有名です。インテルが取り組んでいるのは、環境責任、サプライチェーンへの責任、ダイバーシティ＆インクルージョン、社会的インパクトです。その取り組みは、年次報告書で公表されています。

半導体メーカーのSDGsとは？

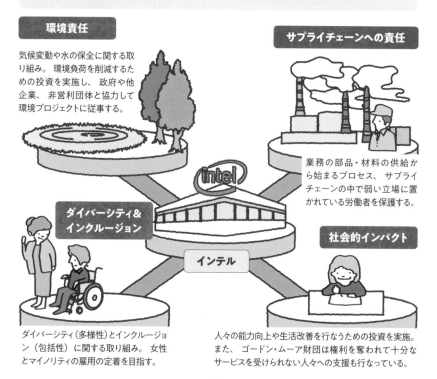

環境責任

気候変動や水の保全に関する取り組み。環境負荷を削減するための投資を実施し、政府や他企業、非営利団体と協力して環境プロジェクトに従事する。

サプライチェーンへの責任

業務の部品・材料の供給から始まるプロセス、サプライチェーンの中で弱い立場に置かれている労働者を保護する。

ダイバーシティ＆インクルージョン

ダイバーシティ（多様性）とインクルージョン（包括性）に関する取り組み。女性とマイノリティの雇用の定着を目指す。

社会的インパクト

人々の能力向上や生活改善を行なうための投資を実施。また、ゴードン・ムーア財団は権利を奪われて十分なサービスを受けられない人々への支援も行なっている。

出典：Corporate Responsibility at Intel,2017-2018reportより

【地方自治体】

北海道下川町

林業と農業が主要産業である北海道下川町は、SDGs を組み込んだ森林総合産業を推進させて、高く評価されています。

北海道北部の内陸に位置する、下川町。面積の 88％が森林に覆われていて、林業と農業が主要産業である下川町では、SDGs の取り組みとして、循環型の森林経営と木材をムダなくつかう加工システムを導入した森林総合産業を発展させています。森林バイオマスの熱供給システムを公共施設や住宅に取り入れている点も、下川町の SDGs プロジェクトの特徴です。2017 年にジャパンSDGs アワード内閣総理大臣賞を受賞。

森林環境を利用した地域社会

北海道下川町は、森林バイオマスによる熱供給システムを公共施設や集住住宅などに導入したことで、燃料代が安くなり、その分のお金を子育て支援策に活用しています。

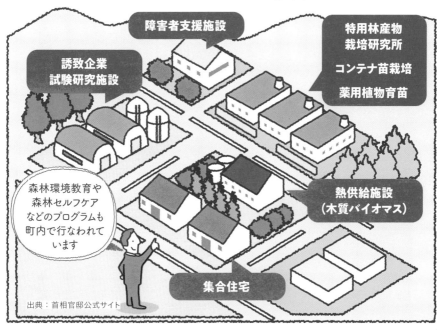

障害者支援施設

誘致企業
試験研究施設

特用林産物
栽培研究所

コンテナ苗栽培

薬用植物育苗

森林環境教育や
森林セルフケア
などのプログラムも
町内で行なわれて
います

熱供給施設
（木質バイオマス）

集合住宅

出典：首相官邸公式サイト

【地方自治体】
鹿児島県大崎町

鹿児島県の大崎町は、SDGs の取り組みを行ない、リサイクル率日本一の町として注目されています。

鹿児島県の東南部にある大崎町は、農業が基幹産業で、人口約 13,000 人の町ですが、リサイクル率日本一の町として知られています。住民・企業・行政が連携した「大崎リサイクルシステム」で、焼却に頼らないリサイクル事業を行なっています。リサイクル事業で約 40 名の雇用を創出し、リサイクル製品の販売で 1 億 3000 万円の利益を上げています。2018 年にジャパン SDGs アワード内閣官房長官賞を受賞。SDGs 未来都市にも選定されています。

町が一丸となってリサイクル日本一に

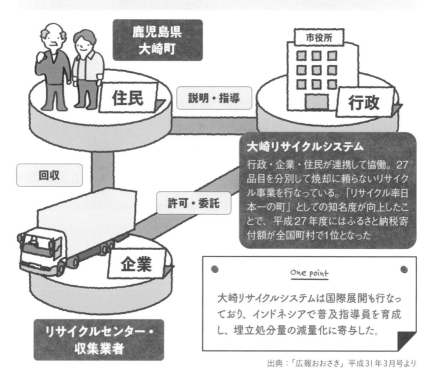

鹿児島県
大崎町

市役所

住民

説明・指導

行政

回収

許可・委託

大崎リサイクルシステム
行政・企業・住民が連携して協働。27品目を分別して焼却に頼らないリサイクル事業を行なっている。「リサイクル率日本一の町」としての知名度が向上したことで、平成27年度にはふるさと納税寄付額が全国町村で1位となった

企業

リサイクルセンター・
収集業者

One point

大崎リサイクルシステムは国際展開も行なっており、インドネシアで普及指導員を育成し、埋立処分量の減量化に寄与した。

出典：「広報おおさき」平成31年3月号より

142

10
【その他】
魚町商店街振興組合

存続が厳しい商店街は全国に多数存在しますが、そんななか、
福岡県の魚町銀天街は SDGs 商店街を目指しています。

北九州市が OECD によるアジア初の「SDGs 推進に向けた世界のモデル都市」
に認定されたのをきっかけに、市内にある魚町銀天街では、日本初の SDGs 商
店街を目指しています。太陽光パネルでの自家発電、食品廃棄物削減のほか、
教育にも力を入れており、魚町銀天街の店主たちが講師となって無料で専門知
識などを教えるという、ユニークな取り組みも実施しています。2019 年にジャ
パン SDGs アワード内閣総理大臣賞を受賞。

日本で初めてのSDGs商店街を目指す

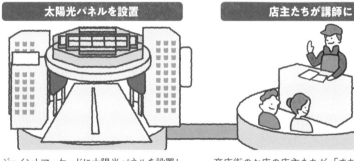

太陽光パネルを設置

ジョイントアーケードに太陽光パネルを設置し、
照明を LED 化するなど環境に配慮している。

店主たちが講師に

商店街のお店の店主たちが「まちゼミ」とい
う場で、無料で様々な専門知識を教えている。

清掃活動

清掃活動を行政・学校・市民が連携して取り組
み、清掃自体は大学生主体で行なわれている。

地域の人々が
触れ合う「まちゼミ」の
活動は、コミュニティが
形成されていく
きっかけとなっています

地方創生ビジネスと
「SDGs未来都市」

　政府では、SDGs の重点項目として、Society5.0、地方創生、次世代育成・女性活躍の3つが挙げられています。そのうち地方創生では、「SDGs 未来都市」制度が動いています。2018 年には 29、2019 年度には 31 の合計 60 の自治体が選定され、自治体の SDGs が一気に加速しています。

　これを推進するのは内閣府地方推進事務局です。次官級の事務局長を置いて、2014 年 11 月施行の「まち・ひと・しごと創生法」の推進と合わせ、SDGs 未来都市の選定が主要政策の一つとなっています。

　地方創生分野における日本の「SDGs モデル」の構築のため、自治体による SDGs の達成に向けた優れた取り組みを提案する都市を「SDGs 未来都市」として選定し、また、特に先導的な取り組みを「自治体 SDGs モデル事業」として選定しています。これらの成功事例の普及展開などを行ない、地方創生の深化につなげていくとされています。

　141 ページで紹介した北海道下川町や、142 ページの鹿児島県大崎町は自治体 SDGs モデル事業に選定され、先進的な取り組みが注目されています。

　感度のよい SDGs 企業はこれらの自治体と連携しています。

目標1

あらゆる場所のあらゆる形態の貧困を終わらせる

1.1 2030年までに、現在1日1.25ドル未満で生活する人々と定義されている極度の貧困をあらゆる場所で終わらせる。**1.2** 2030年までに、各国定義によるあらゆる次元の貧困状態にある、すべての年齢の男性、女性、子どもの割合を半減させる。**1.3** 各国において最低限の基準を含む適切な社会保護制度及び対策を実施し、2030年までに貧困層及び脆弱層に対し十分な保護を達成する。**1.4** 2030年までに、貧困層及び脆弱層をはじめ、すべての男性及び女性が、基礎的サービスへのアクセス、土地及びその他の形態の財産に対する所有権と管理権限、相続財産、天然資源、適切な新技術、マイクロファイナンスを含む金融サービスに加え、経済的資源についても平等な権利を持つことがで

きるように確保する。**1.5** 2030年までに、貧困層や脆弱な状況にある人々の強靱性（レジリエンス）を構築し、気候変動に関連する極端な気象現象やその他の経済、社会、環境的ショックや災害への暴露や脆弱性を軽減する。**1.a** あらゆる次元での貧困を終わらせるための計画や政策を実施するべく、後発開発途上国をはじめとする開発途上国に対して適切かつ予測可能な手段を講じるため、開発協力の強化などを通じて、さまざまな供給源からの相当量の資源の動員を確保する。**1.b** 貧困撲滅のための行動への投資拡大を支援するため、国、地域及び国際レベルで、貧困層やジェンダーに配慮した開発戦略に基づいた適正な政策的枠組みを構築する。

目標2

飢餓を終わらせ、食料安全保障及び栄養改善を実現し、持続可能な農業を促進する

2.1 2030年までに、飢餓を撲滅し、すべての人々、特に貧困層及び幼児を含む脆弱な立場にある人々が一年中安全かつ栄養のある食料を十分得られるようにする。**2.2** 5歳未満の子どもの発育阻害や消耗性疾患について国際的に合意されたターゲットを2025年までに達成するなど、2030年までにあらゆる形態の栄養不良を解消し、若年女子、妊婦・授乳婦及び高齢者の栄養ニーズへの対処を行う。**2.3** 2030年までに、土地、その他の生産資源や、投入財、知識、金融サービス、市場及び高付加価値化や非農業雇用の機会への確実かつ平等なアクセスの確保などを通じて、女性、先住民、家族

農家、牧畜民及び漁業者をはじめとする小規模食料生産者の農業生産性及び所得を倍増させる。**2.4** 2030年までに、生産性を向上させ、生産量を増やし、生態系を維持し、気候変動や極端な気象現象、干ばつ、洪水及びその他の災害に対する適応能力を向上させ、漸進的に土地と土壌の質を改善させるような、持続可能な食料生産システムを確保し、強靱（レジリエント）な農業を実践する。**2.5** 2020年までに、国、地域及び国際レベルで適正に管理及び多様化された種子・植物バンクなども通じて、種子、栽培植物、飼育・家畜化された動物及びこれらの近縁野生種の遺伝的多様性を維持し、国際的合

145

意に基づき、遺伝資源及びこれに関連する伝統的な知識へのアクセス及びその利用から生じる利益の公正かつ衡平な配分を促進する。**2.a** 開発途上国、特に後発開発途上国における農業生産能力向上のために、国際協力の強化などを通じて、農村インフラ、農業研究・普及サービス、技術開発及び植物・家畜のジーン・バンクへの投資の拡大を図る。**2.b** ドーハ開発ラウンドの決議に従い、すべての形態の農産物輸出補助金及び同等の効果を持つすべての輸出措置の並行的撤廃などを通じて、世界の農産物市場における貿易制限や歪みを是正及び防止する。**2.c** 食料価格の極端な変動に歯止めをかけるため、食料市場及びデリバティブ市場の適正な機能を確保するための措置を講じ、食料備蓄などの市場情報への適時のアクセスを容易にする。

目標3 あらゆる年齢のすべての人々の健康的な生活を確保し、福祉を促進する

3.1 2030 年までに、世界の妊産婦の死亡率を出生 10 万人当たり 70 人未満に削減する。**3.2** すべての国が新生児死亡率を少なくとも出生 1000 件中 12 件以下まで減らし、5 歳以下死亡率を少なくとも出生 1000 件中 25 件以下まで減らすことを目指し、2030 年までに、新生児及び 5 歳未満児の予防可能な死亡を根絶する。**3.3** 2030 年までに、エイズ、結核、マラリア及び顧みられない熱帯病といった伝染病を根絶するとともに肝炎、水系感染症及びその他の感染症に対処する。**3.4** 2030 年までに、非感染性疾患による若年死亡率を、予防や治療を通じて 3 分の 1 減少させ、精神保健及び福祉を促進する。**3.5** 薬物乱用やアルコールの有害な摂取を含む、物質乱用の防止・治療を強化する。**3.6** 2020 年までに、世界の道路交通事故による死傷者を半減させる。**3.7** 2030 年までに、家族計画、情報・教育及び性と生殖に関する健康の国家戦略・計画への組み入れを含む、性と生殖に関する保健サービスをすべての人々が利用できるようにする。**3.8** すべての人々に対する財政リスクからの保護、質の高い基礎的な保健サービスへのアクセス及び安全で効果的かつ質が高く安価な必須医薬品とワクチンへのアクセスを含む、ユニバーサル・ヘルス・カバレッジ（UHC）を達成する。**3.9** 2030 年までに、有害化学物質、ならびに大気、水質及び土壌の汚染による死亡及び疾病の件数を大幅に減少させる。**3.a** すべての国々において、たばこの規制に関する世界保健機関枠組条約の実施を適宜強化する。**3.b** 主に開発途上国に影響を及ぼす感染性及び非感染性疾患のワクチン及び医薬品の研究開発を支援する。また、知的所有権の貿易関連の側面に関する協定（TRIPS 協定）及び公衆の健康に関するドーハ宣言に従い、安価な必須医薬品及びワクチンへのアクセスを提供する。同宣言は公衆衛生保護及び、特にすべての人々への医薬品のアクセス提供にかかわる「知的所有権の貿易関連の側面に関する協定（TRIPS 協定）」の柔軟性に関する規定を最大限に行使する開発途上国の権利を確約したものである。**3.c** 開発途上国、特に後発開発途上国及び小島嶼開発途上国において保健財政及び保健人材の採用、能力開発・訓練及び定着を大幅に拡大させる。**3.d** すべての国々、特に開発途上国の国家・世界規模な健康危険因子の早期警告、危険因子緩和及び危険因子管理のための能力を強化する。

目標4 すべての人々への、包摂的かつ公正な質の高い教育を提供し、生涯学習の機会を促進する

4.1 2030 年までに、すべての子どもが男女の区別なく、適切かつ効果的な学習成果をもたらす、無償かつ公正で質の高い初等教育及び中等教育を修了できるようにする。**4.2** 2030 年までに、すべての子どもが男女の区別なく、質の高い乳幼児の発達支援、ケア及び就学前教育にアクセスすることにより、初等教育を受ける準備が整うようにする。**4.3** 2030 年までに、すべての人々が男女の区別なく、手頃な価格で質の高い技術教育、職業教育及び大学を含む高

等教育への平等なアクセスを得られるようにする。4.4 2030年までに、技術的・職業的スキルなど、雇用、働きがいのある人間らしい仕事及び起業に必要な技能を備えた若者と成人の割合を大幅に増加させる。4.5 2030年までに、教育におけるジェンダー格差を無くし、障害者、先住民及び脆弱な立場にある子どもなど、脆弱層があらゆるレベルの教育や職業訓練に平等にアクセスできるようにする。4.6 2030年までに、すべての若者及び大多数（男女ともに）の成人が、読み書き能力及び基本的計算能力を身に付けられるようにする。4.7 2030年までに、持続可能な開発のための教育及び持続可能なライフスタイル、人権、男女の平等、平和及び非暴力的文化の推進、グローバル・シチズンシップ、文化多様性と文化の持続可能な開発への貢献の理解の教育を通して、全ての学習者が、持続

可能な開発を促進するために必要な知識及び技能を習得できるようにする。4.a 子ども、障害及びジェンダーに配慮した教育施設を構築・改良し、すべての人々に安全で非暴力的、包摂的、効果的な学習環境を提供できるようにする。4.b 2020年までに、開発途上国、特に後発開発途上国及び小島嶼開発途上国、ならびにアフリカ諸国を対象とした、職業訓練、情報通信技術（ICT）、技術・工学・科学プログラムなど、先進国及びその他の開発途上国における高等教育の奨学金の件数を全世界で大幅に増加させる。4.c 2030年までに、開発途上国、特に後発開発途上国及び小島嶼開発途上国における教員養成のための国際協力などを通じて、資格を持つ教員の数を大幅に増加させる。

目標5　ジェンダー平等を達成し、すべての女性及び女児の能力強化を行う

5.1 あらゆる場所におけるすべての女性及び女児に対するあらゆる形態の差別を撤廃する。5.2 人身売買や性的、その他の種類の搾取など、すべての女性及び女児に対する、公共・私的空間におけるあらゆる形態の暴力を排除する。5.3 未成年者の結婚、早期結婚、強制結婚及び女性器切除など、あらゆる有害な慣行を撤廃する。5.4 公共のサービス、インフラ及び社会保障政策の提供、ならびに各国の状況に応じた世帯・家族内における責任分担を通じて、無報酬の育児・介護や家事労働を認識・評価する。5.5 政治、経済、公共分野でのあらゆるレベルの意思決定において、完全かつ効果的な女性の参画及び平等なリーダーシップの機会

を確保する。5.6 国際人口・開発会議（ICPD）の行動計画及び北京行動綱領、ならびにこれらの検証会議の成果文書に従い、性と生殖に関する健康及び権利への普遍的アクセスを確保する。5.a 女性に対し、経済的資源に対する同等の権利、ならびに各国法に従い、オーナーシップ及び土地その他の財産、金融サービス、相続財産、天然資源に対するアクセスを与えるための改革に着手する。5.b 女性の能力強化促進のため、ICTをはじめとする実現技術の活用を強化する。5.c ジェンダー平等の促進、ならびにすべての女性及び女子のあらゆるレベルでの能力強化のための適正な政策及び拘束力のある法規を導入・強化する。

目標6　すべての人々の水と衛生の利用可能性と持続可能な管理を確保する

6.1 2030年までに、すべての人々の、安全で安価な飲料水の普遍的かつ平等なアクセスを達成する。6.2 2030年までに、すべての人々の、適切かつ平等な下水施設・衛生施設へのアクセスを達成し、野外での排泄をなくす。女

性及び女子、ならびに脆弱な立場にある人々のニーズに特に注意を向ける。6.3 2030年までに、汚染の減少、投棄廃絶と有害な化学物質や物質の放出の最小化、未処理の排水の割合半減及び再生利用と安全な再利用の世界的

規模での大幅な増加により、水質を改善する。6.4 2030年までに、全セクターにおいて水の利用効率を大幅に改善し、淡水の持続可能な採取及び供給を確保し水不足に対処するとともに、水不足に悩む人々の数を大幅に減少させる。6.5 2030年までに、国境を越えた適切な協力を含む、あらゆるレベルでの統合水資源管理を実施する。6.6 2020年までに、山地、森林、

湿地、河川、帯水層、湖沼などの水に関連する生態系の保護・回復を行う。6.a 2030年までに、集水、海水淡水化、水の効率的利用、排水処理、リサイクル・再利用技術など、開発途上国における水と衛生分野での活動や計画を対象とした国際協力と能力構築支援を拡大する。6.b 水と衛生に関わる分野の管理向上への地域コミュニティの参加を支援・強化する。

 目標7 7 エネルギーをみんなにそしてクリーンに

すべての人々の、安価かつ信頼できる持続可能な近代的エネルギーへのアクセスを確保する

7.1 2030年までに、安価かつ信頼できる現代的エネルギーサービスへの普遍的アクセスを確保する。7.2 2030年までに、世界のエネルギーミックスにおける再生可能エネルギーの割合を大幅に拡大させる。7.3 2030年までに、世界全体のエネルギー効率の改善率を倍増させる。7.a 2030年までに、再生可能エネルギー、エネルギー効率及び先進的かつ環境負荷の低い化石燃料技術などのクリーンエネルギーの研究及び

技術へのアクセスを促進するための国際協力を強化し、エネルギー関連インフラとクリーンエネルギー技術への投資を促進する。7.b 2030年までに、各々の支援プログラムに沿って開発途上国、特に後発開発途上国及び小島嶼開発途上国、内陸開発途上国のすべての人々に現代的で持続可能なエネルギーサービスを供給できるよう、インフラ拡大と技術向上を行う。

 目標8 8 働きがいも経済成長も

包摂的かつ持続可能な経済成長及びすべての人々の完全かつ生産的な雇用と働きがいのある人間らしい雇用（ディーセント・ワーク）を促進する

8.1 各国の状況に応じて、一人当たり経済成長率を持続させる。特に後発開発途上国は少なくとも年率7%の成長率を保つ。8.2 高付加価値セクターや労働集約型セクターに重点を置くことなどにより、多様化、技術向上及びイノベーションを通じた高いレベルの経済生産性を達成する。8.3 生産活動や適切な雇用創出、起業、創造性及びイノベーションを支援する開発重視型の政策を促進するとともに、金融サービスへのアクセス改善などを通じて中小零細企業の設立や成長を奨励する。8.4 2030年までに、世界の消費と生産における資源効率を漸進的に改善させ、先進国主導の下、持続可能な消費と生産に関する10カ年計画枠組みに従い、経済成長と環境悪化の分断を図る。8.5 2030年までに、若者や障害者を含むすべての男性及び女性の、完全かつ生産的な雇用及び働きがいのある人間らしい仕事、ならびに同一労働同一賃金を達成する。8.6 2020年ま

でに、就労、就学及び職業訓練のいずれも行っていない若者の割合を大幅に減らす。8.7 強制労働を根絶し、現代の奴隷制、人身売買を終わらせるための緊急かつ効果的な措置の実施、最悪な形態の児童労働の禁止及び撲滅を確保する。2025年までに児童兵士の募集と使用を含むあらゆる形態の児童労働を撲滅する。8.8 移住労働者、特に女性の移住労働者や不安定な雇用状態にある労働者など、すべての労働者の権利を保護し、安全・安心な労働環境を促進する。8.9 2030年までに、雇用創出、地方の文化振興・産品販促につながる持続可能な観光業を促進するための政策を立案し実施する。8.10 国内の金融機関の能力を強化し、すべての人々の銀行取引、保険及び金融サービスへのアクセスを促進・拡大する。8.a 後発開発途上国への貿易関連技術支援のための拡大統合フレームワーク（EIF）などを通じた支援を含む、開発途上国、特に後発開発途上

国に対する貿易のための援助を拡大する。 8.b
2020 年までに、若年雇用のための世界的戦

略及び国際労働機関（ILO）の仕事に関する
世界協定の実施を展開・運用化する。

  ## 強靭（レジリエント）なインフラ構築、包摂的かつ持続可能な産業化の促進及びイノベーションの推進を図る

9.1 すべての人々に安価で公平なアクセスに重点を置いた経済発展と人間の福祉を支援するために、地域・越境インフラを含む質の高い、信頼でき、持続可能かつ強靭（レジリエント）なインフラを開発する。 9.2 包摂的かつ持続可能な産業化を促進し、2030 年までに各国の状況に応じて雇用及び GDP に占める産業セクターの割合を大幅に増加させる。後発開発途上国については同割合を倍増させる。 9.3 特に開発途上国における小規模の製造業その他の企業の、安価な資金貸付などの金融サービスやバリューチェーン及び市場への統合へのアクセスを拡大する。 9.4 2030 年までに、資源利用効率の向上とクリーン技術及び環境に配慮した技術・産業プロセスの導入拡大を通じたインフラ改良や産業改善により、持続可能性を向上させる。すべての国々は各国の能力に応じた取組を行う。

9.5 2030 年までにイノベーションを促進させることや 100 万人当たりの研究開発従事者数を大幅に増加させ、また官民研究開発の支出を拡大させるなど、開発途上国をはじめとするすべての国々の産業セクターにおける科学研究を促進し、技術能力を向上させる。 9.a アフリカ諸国、後発開発途上国、内陸開発途上国及び小島嶼開発途上国への金融・テクノロジー・技術の支援強化を通じて、開発途上国における持続可能かつ強靭（レジリエント）なインフラ開発を促進する。 9.b 産業の多様化や商品への付加価値創造などに資する政策環境の確保などを通じて、開発途上国の国内における技術開発、研究及びイノベーションを支援する。 9.c 後発開発途上国において情報通信技術へのアクセスを大幅に向上させ、2020 年までに普遍的かつ安価なインターネット・アクセスを提供できるよう図る。

 ## 各国内及び各国間の不平等を是正する

10.1 2030 年までに、各国の所得下位 40% の所得成長率について、国内平均を上回る数値を漸進的に達成し、持続させる。 10.2 2030 年までに、年齢、性別、障害、人種、民族、出自、宗教、あるいは経済的地位その他の状況に関わりなく、すべての人々の能力強化及び社会的、経済的及び政治的な包含を促進する。 10.3 差別的な法律、政策及び慣行の撤廃、ならびに適切な関連法規、政策、行動の促進などを通じて、機会均等を確保し、成果の不平等を是正する。 10.4 税制、賃金、社会保障政策をはじめとする政策を導入し、平等の拡大を漸進的に達成する。 10.5 世界金融市場と金融機関に対する規制とモニタリングを改善し、こうした規制の実施を強化する。 10.6 地球規模の国際経済・金融制度の意思決定における開発途上

国の参加や発言力を拡大させることにより、より効果的で信用力があり、説明責任のある正当な制度を実現する。 10.7 計画に基づき良く管理された移住政策の実施などを通じて、秩序のとれた、安全で規則的かつ責任ある移住や流動性を促進する。 10.a 世界貿易機関（WTO）協定に従い、開発途上国、特に後発開発途上国に対する特別かつ異なる待遇の原則を実施する。 10.b 各国の国家計画やプログラムに従って、後発開発途上国、アフリカ諸国、小島嶼開発途上国及び内陸開発途上国を始めとする、ニーズが最も大きい国々への、政府開発援助（ODA）及び海外直接投資を含む資金の流入を促進する。 10.c 2030 年までに、移住労働者による送金コストを 3% 未満に引き下げ、コストが 5% を越える送金経路を撤廃する。

包摂的で安全かつ 強靭（レジリエント）で持続可能な都市及び 人間居住を実現する

11.1 2030 年までに、すべての人々の、適切、安全かつ安価な住宅及び基本的サービスへのアクセスを確保し、スラムを改善する。**11.2** 2030 年までに、脆弱な立場にある人々、女性、子ども、障害者及び高齢者のニーズに特に配慮し、公共交通機関の拡大などを通じた交通の安全性改善により、すべての人々に、安全かつ安価で容易に利用できる、持続可能な輸送システムへのアクセスを提供する。**11.3** 2030 年までに、包摂的かつ持続可能な都市化を促進し、すべての国々の参加型、包摂的かつ持続可能な人間居住計画・管理の能力を強化する。**11.4** 世界の文化遺産及び自然遺産の保護・保全の努力を強化する。**11.5** 2030 年までに、貧困層及び脆弱な立場にある人々の保護に焦点をあてながら、水関連災害などの災害による死者や被災者数を大幅に削減し、世界の国内総生産比で直接的経済損失を大幅に減らす。**11.6** 2030 年までに、大気の質及び一般並びにそ

の他の廃棄物の管理に特別な注意を払うことによるものを含め、都市の一人当たりの環境上の悪影響を軽減する。**11.7** 2030 年までに、女性、子ども、高齢者及び障害者を含め、人々に安全で包摂的かつ利用が容易な緑地や公共スペースへの普遍的アクセスを提供する。**11.a** 各国・地域規模の開発計画の強化を通じて、経済、社会、環境面における都市部、都市周辺部及び農村部門の良好なつながりを支援する。**11.b** 2020 年までに、包含、資源効率、気候変動の緩和と適応、災害に対する強靭さ（レジリエンス）を目指す総合的政策及び計画を導入・実施した都市及び人間居住地の件数を大幅に増加させ、仙台防災枠組 2015-2030 に沿って、あらゆるレベルでの総合的な災害リスク管理の策定と実施を行う。**11.c** 財政的及び技術的な支援などを通じて、後発開発途上国における現地の資材を用いた、持続可能かつ強靭（レジリエント）な建造物の整備を支援する。

持続可能な 生産消費形態を確保する

12.1 開発途上国の開発状況や能力を勘案しつつ、持続可能な消費と生産に関する 10 年計画枠組み（10YFP）を実施し、先進国主導の下、すべての国々が対策を講じる。**12.2** 2030 年までに天然資源の持続可能な管理及び効率的な利用を達成する。**12.3** 2030 年までに小売・消費レベルにおける世界全体の一人当たりの食料の廃棄を半減させ、収穫後損失などの生産・サプライチェーンにおける食料の損失を減少させる。**12.4** 2020 年までに、合意された国際的な枠組みに従い、製品ライフサイクルを通じ、環境上適正な化学物質やすべての廃棄物の管理を実現し、人の健康や環境への悪影響を最小化するため、化学物質や廃棄物の大気、水、土壌への放出を大幅に削減する。**12.5** 2030 年までに、廃棄物の発生防止、削減、再生利用及び再利用により、廃棄物の発生を大幅に削減する。**12.6** 特に大企業や多国籍企業な

どの企業に対し、持続可能な取り組みを導入し、持続可能性に関する情報を定期報告に盛り込むよう奨励する。**12.7** 国内の政策や優先事項に従って持続可能な公共調達の慣行を促進する。**12.8** 2030 年までに、人々があらゆる場所において、持続可能な開発及び自然と調和したライフスタイルに関する情報と意識を持つようにする。**12.a** 開発途上国に対し、より持続可能な消費・生産形態の促進のための科学的・技術的能力の強化を支援する。**12.b** 雇用創出、地方の文化振興・産品販促につながる持続可能な観光業に対して持続可能な開発がもたらす影響を測定する手法を開発・導入する。**12.c** 開発途上国の特別なニーズや状況を十分考慮し、貧困層やコミュニティを保護する形で開発に関する悪影響を最小限に留めつつ、税制改正や、有害な補助金が存在する場合はその環境への影響を考慮してその段階的廃止などを通じ、各

国の状況に応じて、市場のひずみを除去することで、浪費的な消費を奨励する、化石燃料に対する非効率な補助金を合理化する。

目標13 気候変動及びその影響を軽減するための緊急対策を講じる※

13.1 すべての国々において、気候関連災害や自然災害に対する強靱性（レジリエンス）及び適応力を強化する。**13.2** 気候変動対策を国別の政策、戦略及び計画に盛り込む。**13.3** 気候変動の緩和、適応、影響軽減及び早期警戒に関する教育、啓発、人的能力及び制度機能を改善する。**13.a** 重要な緩和行動の実施とその実施における透明性確保に関する開発途上国のニーズに対応するため、2020年までにあらゆる供給源から年間1000億ドルを共同で動員するという、UNFCCCの先進締約国によるコミットメントを実施し、可能な限り速やかに資本を投入して緑の気候基金を本格始動させる。**13.b** 後発開発途上国及び小島嶼開発途上国において、女性や青年、地方及び社会的に疎外されたコミュニティに焦点を当てることを含め、気候変動関連の効果的な計画策定と管理のための能力を向上するメカニズムを推進する。

※国連気候変動枠組条約（UNFCCC）が、気候変動への世界的対応について交渉を行う基本的な国際的、政府間対話の場であると認識している。

目標14 持続可能な開発のために海洋・海洋資源を保全し、持続可能な形で利用する

14.1 2025年までに、海洋堆積物や富栄養化を含む、特に陸上活動による汚染など、あらゆる種類の海洋汚染を防止し、大幅に削減する。**14.2** 2020年までに、海洋及び沿岸の生態系に関する重大な悪影響を回避するため、強靱性（レジリエンス）の強化などによる持続的な管理と保護を行い、健全で生産的な海洋を実現するため、海洋及び沿岸の生態系の回復のための取組を行う。**14.3** あらゆるレベルでの科学的協力の促進などを通じて、海洋酸性化の影響を最小限化し、対処する。**14.4** 水産資源を、実現可能な最短期間で少なくとも各資源の生物学的特性によって定められる最大持続生産量のレベルまで回復させるため、2020年までに、漁獲を効果的に規制し、過剰漁業や違法・無報告・無規制（IUU）漁業及び破壊的な漁業慣行を終了し、科学的な管理計画を実施する。**14.5** 2020年までに、国内法及び国際法に則り、最大限入手可能な科学情報に基づいて、少なくとも沿岸域及び海域の10%を保全する。**14.6** 開発途上国及び後発開発途上国に対する適切かつ効果的な、特別かつ異なる待遇が、世界貿易機関（WTO）漁業補助金交渉の不可分の要素であるべきことを認識した上で、2020年までに、過剰漁獲能力や過剰漁獲につながる漁業補助金を禁止し、違法・無報告・無規制（IUU）漁業につながる補助金を撤廃し、同様の新たな補助金の導入を抑制する。**14.7** 2030年までに、漁業、水産養殖及び観光の持続可能な管理などを通じ、小島嶼開発途上国及び後発開発途上国の海洋資源の持続的な利用による経済的便益を増大させる。**14.a** 海洋の健全性の改善と、開発途上国、特に小島嶼開発途上国および後発開発途上国の開発における海洋生物多様性の寄与向上のために、海洋技術の移転に関するユネスコ政府間海洋学委員会の基準・ガイドラインを勘案しつつ、科学的知識の増進、研究能力の向上、及び海洋技術の移転を行う。**14.b** 小規模・沿岸零細漁業者に対し、海洋資源及び市場へのアクセスを提供する。**14.c** 「我々の求める未来」のパラ158において想起されるとおり、海洋及び海洋資源の保全及び持続可能な利用のための法的枠組みを規定する海洋法に関する国際連

合条約（UNCLOS）に反映されている国際法を実施することにより、海洋及び海洋資源の保

及び持続可能な利用を強化する。

陸域生態系の保護、回復、持続可能な利用の推進、持続可能な森林の経営、砂漠化への対処、ならびに土地の劣化の阻止・回復及び生物多様性の損失を阻止する

15.1 2020年までに、国際協定の下での義務に則って、森林、湿地、山地及び乾燥地をはじめとする陸域生態系と内陸淡水生態系及びそれらのサービスの保全、回復及び持続可能な利用を確保する。15.2 2020年までに、あらゆる種類の森林の持続可能な経営の実施を促進し、森林減少を阻止し、劣化した森林を回復し、世界全体で新規植林及び再植林を大幅に増加させる。15.3 2030年までに、砂漠化に対処し、砂漠化、干ばつ及び洪水の影響を受けた土地などの劣化した土地と土壌を回復し、土地劣化に荷担しない世界の達成に尽力する。15.4 2030年までに持続可能な開発に不可欠な便益をもたらす山地生態系の能力を強化するため、生物多様性を含む山地生態系の保全を確実に行う。15.5 自然生息地の劣化を抑制し、生物多様性の損失を阻止し、2020年までに絶滅危惧種を保護し、また絶滅防止するための緊急かつ意味のある対策を講じる。15.6 国際合意に基づき、遺伝資源の利用から生ずる利益の公正かつ衡平な配分を推進するとともに、遺伝資源への適切なアクセスを推進する。15.7 保

護の対象となっている動植物種の密猟及び違法取引を撲滅するための緊急対策を講じるとともに、違法な野生生物製品の需要と供給の両面に対処する。15.8 2020年までに、外来種の侵入を防止するとともに、これらの種による陸域・海洋生態系への影響を大幅に減少させるための対策を導入し、さらに優先種の駆除または根絶を行う。15.9 2020年までに、生態系と生物多様性の価値を、国や地方の計画策定、開発プロセス及び貧困削減のための戦略及び会計に組み込む。15.a 生物多様性と生態系の保全と持続的な利用のために、あらゆる資金源からの資金の動員及び大幅な増額を行う。15.b 保全や再植林を含む持続可能な森林経営を推進するため、あらゆるレベルのあらゆる供給源から、持続可能な森林経営のための資金の調達と開発途上国への十分なインセンティブ付与のための相当量の資源を動員する。15.c 持続的な生計機会を追求するために地域コミュニティの能力向上を図る等、保護種の密猟及び違法な取引に対処するための努力に対する世界的な支援を強化する。

持続可能な開発のための平和で包摂的な社会を促進し、すべての人々に司法へのアクセスを提供し、あらゆるレベルにおいて効果的で説明責任のある包摂的な制度を構築する

16.1 あらゆる場所において、すべての形態の暴力及び暴力に関連する死亡率を大幅に減少させる。16.2 子どもに対する虐待、搾取、取引及びあらゆる形態の暴力及び拷問を撲滅する。16.3 国家及び国際的なレベルでの法の支配を促進し、すべての人々に司法への平等なアクセスを提供する。16.4 2030年までに、違法な資金及び武器の取引を大幅に減少させ、奪われた財産の回復及び返還を強化し、あらゆる形態の組織犯罪を根絶する。16.5 あらゆる形態

の汚職や贈賄を大幅に減少させる。16.6 あらゆるレベルにおいて、有効で説明責任のある透明性の高い公共機関を発展させる。16.7 あらゆるレベルにおいて、対応的、包摂的、参加型及び代表的な意思決定を確保する。16.8 グローバル・ガバナンス機関への開発途上国の参加を拡大・強化する。16.9 2030年までに、すべての人々に出生登録を含む法的な身分証明を提供する。16.10 国内法規及び国際協定に従い、情報への公共アクセスを確保し、基本的自

由を保障する。**16.a** 特に開発途上国において、暴力の防止とテロリズム・犯罪の撲滅に関するあらゆるレベルでの能力構築のため、国際協力などを通じて関連国家機関を強化する。**16.b** 持続可能な開発のための非差別的な法規及び政策を推進し、実施する。

  持続可能な開発のための実施手段を強化し、グローバル・パートナーシップを活性化する

17.1 課税及び徴税能力の向上のため、開発途上国への国際的な支援なども通じて、国内資源の動員を強化する。**17.2** 先進国は、開発途上国に対するODAをGNI比0.7%に、後発開発途上国に対するODAをGNI比0.15〜0.20%にするという目標を達成するとの多くの国によるコミットメントを含むODAに係るコミットメントを完全に実施する。ODA供与国が、少なくともGNI比0.20%のODAを後発開発途上国に供与するという目標の設定を検討することを奨励する。**17.3** 複数の財源から、開発途上国のための追加的資金源を動員する。**17.4** 必要に応じた負債による資金調達、債務救済及び債務再編の促進を目的とした協調的な政策により、開発途上国の長期的な債務の持続可能性の実現を支援し、重債務貧困国（HIPC）の対外債務への対応により債務リスクを軽減する。**17.5** 後発開発途上国のための投資促進枠組みを導入及び実施する。**17.6** 科学技術イノベーション（STI）及びこれらへのアクセスに関する南北協力、南南協力及び地域的・国際的な三角協力を向上させる。また、国連レベルをはじめとする既存のメカニズム間の調整改善や、全世界的な技術促進メカニズムなどを通じて、相互に合意した条件において知識共有を進める。**17.7** 開発途上国に対し、譲許的・特恵的条件などの相互に合意した有利な条件の下で、環境に配慮した技術の開発、移転、普及及び拡散を促進する。**17.8** 2017年までに、後発開発途上国のための技術バンク及び科学技術イノベーション能力構築メカニズムを完全運用させ、情報通信技術（ICT）をはじめとする実現技術の利用を強化する。**17.9** すべての持続可能な開発目標を実施するための国家計画を支援するべく、南北協力、南南協力及び三角協力などを通じて、開発途上国における効果的かつ的をしぼった能力構築の実施に対する国際的な支援を強化する。

17.10 ドーハ・ラウンド（DDA）交渉の結果を含めたWTOの下での普遍的でルールに基づいた、差別的でない、公平な多角的貿易体制を促進する。**17.11** 開発途上国による輸出を大幅に増加させ、特に2020年までに世界の輸出に占める後発開発途上国のシェアを倍増させる。**17.12** 後発開発途上国からの輸入に対する特恵的な原産地規則が透明で簡略的かつ市場アクセスの円滑化に寄与するものとなるようにすることを含む世界貿易機関（WTO）の決定に矛盾しない形で、すべての後発開発途上国に対し、永続的な無税・無枠の市場アクセスを適時実施する。**17.13** 政策協調や政策の首尾一貫性などを通じて、世界的なマクロ経済の安定を促進する。**17.14** 持続可能な開発のための政策の一貫性を強化する。**17.15** 貧困撲滅と持続可能な開発のための政策の確立・実施にあたっては、各国の政策空間及びリーダーシップを尊重する。**17.16** すべての国々、特に開発途上国での持続可能な開発目標の達成を支援すべく、知識、専門的知見、技術及び資金源を動員、共有するマルチステークホルダー・パートナーシップによって補完しつつ、持続可能な開発のためのグローバル・パートナーシップを強化する。**17.17** さまざまなパートナーシップの経験や資源戦略を基にした、効果的な公的、官民、市民社会のパートナーシップを奨励・推進する。**17.18** 2020年までに、後発開発途上国及び小島嶼開発途上国を含む開発途上国に対する能力構築支援を強化し、所得、性別、年齢、人種、民族、居住資格、障害、地理的位置及びその他各国事情に関連する特性別の質が高く、タイムリーかつ信頼性のある非集計型データの入手可能性を向上させる。**17.19** 2030年までに、持続可能な開発の進捗状況を測るGDP以外の尺度を開発する既存の取組を更に前進させ、開発途上国における統計に関する能力構築を支援する。

「ナマケモノにもできる アクションガイド」とは?

レベル1
ソファに寝たままできること

- 電気を節約しよう。電気機器を電源タップに差し込んで、つかってないときは完全に電源を切ろう。もちろん、パソコンもね。
- 請求書が来たら、銀行窓口でなく、オンラインかモバイルで支払おう。紙を使わなければ、森林を破壊しなくて済む。
- いいね! するだけじゃなく、シェアしよう。女性の権利や気候変動についてソーシャルメディアでおもしろい投稿を見つけたら、ネットワークの友達にシェアしよう。
- 声を上げよう! あなたが住んでいる町や国に、人と地球にやさしい取り組みに参加するよう呼びかけよう。私は地球温暖化対策の新しい国際ルール「パリ協定」を支持しています、と意思表示するのもいいね。あなたの国がまだ批准していなければ、そうするように求めよう。
- 印刷はできるだけしない。覚えておきたいことをオンラインで見つけたら、どうするかって? ノートにメモしたり、もっといいのはデジタル付箋をつかって、紙を節約すること!
- 照明を消そう。テレビやコンピューターの画面は意外と明るいから、必要ないときにはそれ以外の照明を消しておこう。
- オンライン検索すると、持続可能で環境にやさしい取り組みをしている企業が見つかるよ。そういう会社の製品を買うようにしよう。
- オンラインでのいじめを報告しよう。掲示板やチャットルームで嫌がらせを見つけたら、その人に警告しよう。

レベル2
家にいてもできること

- ドライヤーや乾燥機を使わずに、髪の毛や衣服を自然乾燥させよう。衣服を洗う場合には、洗濯機の容量をフルにして使おう!
- 短時間でシャワーを利用しよう。ちなみに、バスタブ入浴は5～10分のシャワーに比べて、水が何十リットルも余計に必要になるよ。
- 肉や魚を控えめに。肉の生産には植物よりも多くの資源がつかわれているよ。
- 生鮮品や残り物、食べ切れないときは早めに冷凍しよう。翌日までに食べられそうにないテイクアウトやデリバリーもね。そうすれば、食べ物もお金もムダにしなくて済むからね。
- 堆肥をつくろう。生ゴミを堆肥化すれば、気候への影響を減らすだけでなく、栄養物の再利用にもつながる。
- 紙やプラスチック、ガラス、アルミをリサイクルすれば、埋立地を増やす必要がなくなる。
- できるだけ簡易包装の品物を買おう!
- 窓やドアの隙間をふさいでエネルギー効率を高めよう!
- エアコンの温度を、冬は低め、夏は高めに設定しよう!
- 古い電気機器をつかっていたら、省エネ型の機種や電球に取り替えよう!
- できれば、ソーラーパネルを家に取り付けよう。電気代は確実に減るはず!
- すすぎをやめよう。食洗器を使う場合には、あらかじめ皿を水洗いしないで!

持続可能な社会を実現するために、国や企業でなくても、私たち一人ひとりが日常生活で簡単に取り入れられる行動があります。以下の行動は、そのほんの一部です。

レベル3
家の外でできること

- 買い物は地元で！ 地域の企業を支援すれば、雇用が守られるし、長距離トラックの運転も必要なくなる。
- 「訳あり品」を買おう！ 大きさや形、色が規格に「合わない」という理由だけで、捨てられてしまうような野菜や果物がたくさんあるよ。
- レストランに行ってシーフードを注文したら必ず、「サステナブル・シーフードをつかっていますか？」と聞いてみて！ あなたが海にやさしいシーフードを求めていることを、行きつけの店に知らせてあげよう。
- サステナブル・シーフードだけを買おう！ どの海産物が安全に消費できるかを知ることができるアプリもいろいろ開発されているよ。
- 詰め替え可能なボトルやコーヒーカップを使おう。ムダがなくなるし、コーヒーショップで値引きしてもらえることも！
- 買い物にはマイバッグを持参しよう。レジ袋は断って、いつもマイバッグを持ち歩くようにしよう。
- ナプキンを取り過ぎないこと。テイクアウトを食べるのに、大量のナプキンは要らないはず。必要な分だけ取るようにしよう。
- ビンテージものを買おう。新品がいつも最高とは限らないよ。中古品店から掘り出し物を見つけては？
- 使わないものは寄付しよう。地元の慈善団体は、あなたが大事に使っていた衣類や本、家具に新しい命を吹き込んでくれるはず！
- 国や地方自治体のリーダーを選ぶ権利を上手に使おう。

レベル4
職場でできること

- 職場のみんなが医療サービスを受けられているかな？ 労働者としての自分の権利を知ろう。そして、不平等と闘おう。
- 若者の相談相手になろう。それは誰かをよりよい未来へと導くための、思いやりある、刺激的でパワフルな方法です。
- 女性は男性と同じ仕事をしても、賃金が10％から30％低く、賃金格差はあらゆる場所で残っている。同一労働同一賃金を支持する声を上げよう。
- 社内の冷暖房装置は省エネ型に！
- あなたの会社は、クリーンでレジリエント（強靭な）インフラ整備に投資しているかな？ それは労働者の安全と環境保護を確保する唯一の方法。
- 職場で差別があったら、どんなものであれ声を上げよう。性別や人種、性的指向、社会的背景、身体的能力に関係なく、人はみんな平等だから。
- 通勤は自転車、徒歩または公共交通機関で。マイカーでの移動は人数が集まったときだけに！
- 職場で「ノーインパクト（地球への影響ゼロ）週間」を実施しよう。せめて1週間でも、より持続可能な暮らし方について学んでみよう。
- 声を上げよう。人間にも地球にも害を及ぼさない取り組みに参加するよう、会社や政府に求めよう。パリ協定への支持を声にしよう。
- 日々の決定を見つめ直し、変えてみよう。職場でリサイクルはできている？ 会社は、生態系に害を及ぼすようなやり方をしている業者から調達をしていないかな？
- 労働にまつわる権利について知ろう。

掲載用語索引

次はSDGs経営を
実践しましょう

　本書をお読みいただき、SDGsの理解は深まりましたでしょうか？
「SDGsスルー」は危険である、すぐにも取り組まなくてはという実感を
持てたでしょうか。

　SDGsのような、人・社会・地球を世界的視野で見る場合の「羅針盤」
については、適切な入門が大事です。入門の仕方で進路が大きく変わり
ます。皆さんのこれからの生き方にも関わってくるからです。

　本書は宝島社　書籍局第1編集部工藤隆宏氏と編集プロダクション
G.B.さんの編集・執筆の協働作業で、企業経営や自治体行政にも役立つ
適切な入門書に仕上がりました。

　SDGsの認知度は、残念ながら、世界的に見て日本ではまだまだ低いで
す。また、経営者の認知度は8割近いのに、中間管理職や従業員の認知度
は2〜3割どまりです。さらに、SDGsの責任者や先駆者は、経営幹部と中
間層の板挟みになっていたりします。

　このため、次のステップは、経営目線や社内浸透面でSDGs実践に向
けズバリ解説した応用編が欲しいところです。それが、拙著の『Q＆A
SDGs経営』（日本経済新聞出版社）です。一問一答方式で解説、どこか
らでも皆さんの関心に応じて読むことができます。

　内容は、SDGsとトップの役割、業界事例・地方創生ビジネス、五輪・
万博、そしてSDGsの経営への導入プロセスです。巻末には、SDGsター
ゲットのキーワード集もついています。

　ぜひこちらも併せて読んでいただき、皆さんがSDGsを自在にこなす
「SDGsネイティブ」になって、企業・組織をけん引していかれることを
願っています。

監修　笹谷秀光

◉主要参考文献

Q & A　SDGs 経営
笹谷秀光　著（日本経済新聞出版社）

図解ポケット　SDGs がよくわかる本
松原恭司郎　著（秀和システム）

60 分でわかる！SDGs 超入門
バウンド　著（技術評論社）

いちばんやさしい　SDGs 入門
三瓶裕喜、髙橋則広ほか　著（宝島社）

マンガでわかる SDGs
SDGs ビジネス総合研究所 経営戦略会議　監修（PHP エディターズ・グループ）

SDGs の基礎
（学校法人先端教育機構 事業構想大学院大学出版部）

SDGs の実践　自治体・地域活性化編
（学校法人先端教育機構 事業構想大学院大学出版部）

未来を変える目標　SDGs アイデアブック
一般社団法人 Think the Earth　編著（紀伊國屋書店）

知っていますか？SDGs　ユニセフとめざす 2030 年のゴール
日本ユニセフ協会　制作協力（さ・え・ら書房）

◉STAFF

編集	坂尾昌昭、小芝俊亮、細谷健次郎、柏もも子、山口大介（G.B.）、平谷悦郎
執筆協力	武富元太郎
本文イラスト	本村誠
カバーイラスト	ぷーたく
カバー・本文デザイン	別府拓、深澤祐樹（Q.design）
DTP	G.B.Design House

監修 笹谷秀光（ささや ひでみつ）

千葉商科大学・基盤教育機構・教授、CSR／SDGs コンサルタント、グレートワークス株式会社顧問。東京大学法学部卒業。1977 年農林省入省、2005 年環境省大臣官房審議官、2006 年農林水産省大臣官房審議官、2007 年関東森林管理局長を経て、2008 年退官。同年に伊藤園入社、取締役、常務執行役員を経て 2019 年退社。2020 年 4 月より現職。現在、日本経営倫理学会理事、グローバルビジネス学会理事、特定非営利活動法人サステナビリティ日本フォーラム理事、宮崎県小林市「こばやし PR 大使」、未来まちづくりフォーラム 2019・2020 実行委員長。著書『CSR 新時代の競争戦略』（日本評論社・2013 年）、『協創力が稼ぐ時代』（ウィズワークス・2015 年）、『 経営に生かす SDGs 講座』(環境新聞社・2018 年)、『Q & A　SDGs 経営』（日本経済新聞出版・2019 年）。

笹谷秀光公式サイトー発信型三方良しー（https://csrsdg.com/）

基礎知識とビジネスチャンスにつなげた
成功事例が丸わかり！

SDGs 見るだけノート

2020年 5月27日　第1刷発行
2022年 2月23日　第7刷発行

監修　　　笹谷秀光

発行人　　蓮見清一
発行所　　株式会社 宝島社
　　　　　〒102-8388
　　　　　東京都千代田区一番町25番地
　　　　　電話 編集：03-3239-0928
　　　　　　　 営業：03-3234-4621
　　　　　https://tkj.jp

印刷・製本　　サンケイ総合印刷株式会社